子どもの意識を変える本

弱い子を強い子に——いわきの学習塾から親御さんへの提案

丹野 勝弘

風土社

表紙カバー撮影　高橋　和典
装丁・レイアウト　田中　保行

子どもの意識を変える本

弱い子を強い子に――いわきの学習塾から親御さんへの提案

もくじ

第1章

第2章

このごろの若い子、たしかに弱くなっている気がします

第3章

「うちの子、弱いので…」とおっしゃいますがどんなところが弱いのでしょうか？

第4章

第5章
メンタルが弱いと一番心配なのはコミュニケーション力がつかないことです……90

第8章

親は大変ですが、なにがあってもめげないで！

第1章

「うちの子、ハートが弱いので少し心配」と、お悩みの親御さんたちに

あの東日本大震災の日の翌日、ボクと妻の惠子は車にわずかばかりの荷物を積み、福島県いわき市平《たいら》にある自宅を後にしました。まず長女の亜糸《あい》が結婚して暮らしている新潟に、次いで長男の翔五《しょうご》と次男の瑞木《みずき》が住む長野県の伊那に避難したのです。

長女の家でも、長男の家でも、それぞれのご亭主やお嫁さんがとてもよくしてくれました。惠子はそれを素直に喜んでいましたが、ボクは無理に笑顔をつくって暮らしていたものの（むろん感謝はしていましたが）、心の中にはぽっかり大きな空洞ができていました。まさに「心ここにあらず」。いわきに帰りたくてしかたがなかったのです。ボク自身そのとき、「ああ、オレはこんなにいわきが好きだったのか！」と驚いたほどでした。

ボクはいわき市平の、惠子はいわき市四倉《よつくら》の出身です。約40年前、福島大学時代に知り合い、卒業後東京に出て一緒に暮らし、2年でいわきに帰ってきて結婚しました。それから数年後二人で「丹野独学塾」を開き、以来30年余り、今に至るも中高生を教えています。

つまりボクと妻は、大学時代と東京にいた2年間を除いて、ずっといわきで暮らしてきました。現在ボクは62歳、妻は1歳下ですから、いわき暮らしは50年におよぶわけです。だからボクにとってのいわきは、子どもにとっての母親みたいなもので、いわき以外の土地での生活はただ食べて呼吸しているだけの、なんとも空しいものだったのです。

避難生活が4週間になったとき、「塾を再開してください。みんな待っていますから」という塾生からの電話を受けました。その声を聞き、矢も楯もたまらなくなってボクと恵子はすぐいわきに帰ってきました。

あれから約6年になりますが、ボクたちは今もいわきで10数人の中高生を相手に、ともに学びながら日を送っています。ボクは主として英語を、恵子は数学を教えています。

いわきに帰ってきてからわれわれは『ときめきの〝子育て〟』と『「独学塾」ものがたり』の2冊の本を出しました。『ときめきの〝子育て〟』には、3人の子どもに小さいときからテニスを教え、全員をインターハイに出場させたこと、彼らがテニスに負けないくらい勉強にも精を出し、長女が歯科医師に、長男が医師に、次男が研究者になったことを書きました。また『「独学塾」ものがたり』では、小さいけれどかなり特色のある教え方を貫いてきた「丹野独学塾」について書きました。いずれもこの本と同じ、風土社から出版されました。

ところがこれらの本を書きつつ、ある思いがボクの頭から離れなくなってしまったのです。それは「大震災と原発事故は、いわき市民にとって衝撃的な体験だった。特に子どもたちには、計りしれないショックを与えただろう。そしてその影響かどうかはわからないが、このごろのいわきの子どもや若者たちは、少しおとなし過ぎるのじゃないだろうか。いや、ハッキリいえば、精神的に弱くなってきているのじゃないだろうか」ということでした。

加えて「これは、いわきだけの現象だろうか?」という疑問も湧きました。そこで最近の少年少女の精神的な傾向について書かれたものを読み、学者の意見も調べてみると、はっきりしたデータはないものの、どうもここ数年、全国的に子どもや若者たちの精神的パワーが落ちてきているらしい——という感触を得たのです。ボクの懸念はどうやら当たっていたらしい。そしてこれはいわきだけのことではなく、全国的傾向のようなのです。

そうと知ったボクは、いわきの少年少女たちに「さあ、自信をもって強く生きていこうよ」と呼びかける本をつくろうと考えました。でも「ちょっと待てよ」と思い直しました。

「『いわきの若者たちよ、心を強く持とうよ!』と呼びかけるのはたしかにいいことだろう。だが、本当に彼らに強くあってほしいのなら、その親御さんに呼びかけるべきではないのか。10代の子たちにとって親の影響は絶大なのだから。それに子ども・若者たちの精神的パワーの落ち込みは、親御さんの影響かもしれないのだから」と思ったからです。

しかし、また「待てよ」と考えました。ボクは一介の小さな塾の講師です。学校の先生でも大学教授でもない。いわんやカウンセラーでも心理学者でもない。そんな市井人が、エラソーに将来ある若者たちの親御さんになにをアドバイスできるというのか？　そんな資格があるのか？　自問自答が続きました。

たしかにボクには、メンタル面が少し弱いお子さんをお持ちのご両親にアドバイスできるような能力も知識もありません。けれどもそうした悩みを持つ親御さんに共感し、力づけ、応援することなら、できる。なにしろ30数年、少年少女たちに接してきたのだから。そう決意してこの本を書くことにしました。だからこの本は、いわきの「ちょっと心が弱いかな」と思えるお子さんをお持ちの親御さんへの応援歌なのです。またそんなお子さんは日本中にたくさんいるのですから、みなさんへの応援歌にもなればいいな、と思っています。

賢明な親御さんたちはとっくにお気づきでしょうが、お子さんの心の問題は、ご両親の気持ちの持ち方や言動が原因のケースが少なくありません。そんなときに親御さんに必要なのは、有能なカウンセラーに加えて一緒に悩み、考える平凡な理解者だと思うのです。

この本がそういう役割を果たせれば、こんなにうれしいことはありません。

▼いわきの子ども・若者たちが強くあってほしいから

前項をお読みいただいた方の中には、「著者は、どうしてこんなにいわき、いわきというのだろうか?」と思われた方がいらっしゃると思います。特に東京や大阪の方はそうお感じではないでしょうか。でも地方都市に長くお住まいの方なら、そこのところを理解してくださるとボクは思っています。大阪はともかく東京の人は、地方のできごととか特色、傾向などを見たり聞いたり、読んだりしたときに、それを東京と比較して考えはしないでしょう。その事象やできごとそのものについてのふつうの感想を持つだけで、それを自分の住んでいる東京のことと比較はしません。それが大都会の人の特徴です。

しかし地方に住む人間は違うのです。例えば私たちの職業である「学習塾」について考える場合でも、「今、われわれも含めて福島県の塾ではこう教えているけど、東京じゃどうなのだろうか」と、すぐに東京のやり方、東京での傾向に関心が向かいます。逆にいえば、ボクの場合それだけいわきに対する思いが濃いのだし、またいわきしか知らない不安があるからだ、ともいえましょう。

ということでボクは今、「いわきの子ども・若者たちが強くあってほしい」と感じているわけです。もちろん日本中の子ども・若者にそうあってほしいのですが、ボクのイメージの中にある子ども・若者たちは、いわきのそれだからしかたがありません。当然本書でボクが書く体験の多くがいわきでのものになります。そういう内容を理解していただくために、最初にいわきについて少しばかり述べてみますので、しばしお付き合いください。

いうまでもなくいわき市は、福島県にあります。福島県は大震災と原発事故で、地理的な特徴を全国に知られるようになりました。この県は、地理的、歴史的に大きく3つに区分できます。地図で見ると左側のほう、越後山脈と奥羽山脈に挟まれた地域が「会津」です。そこから少し太平洋側に寄り、奥羽山脈と阿武隈高地に挟まれた地域が「中通り」です。ここには北のほうに福島市、内陸部に郡山市があります。そして阿武隈高地と太平洋に挟まれた太平洋沿岸地域が「浜通り」です。ここの海岸沿いに原発被害の大きかった双葉町、富岡町があり、その南部にいわき市が位置しています。

歴史的には1966年（昭和41年）、新産業都市建設促進法にのっとり、当時の平市、常磐市、磐城市、四倉町、勿来市など14市町村が新設合併していわき市になりました。この当時では、日本一広い市だったのです。

気候は温暖で、年間日照時間が東北地方ではもっとも長く、1日の平均気温が最も高いのが特徴です。だから東北地方としては例外的に冬でもあまり冷えることがなく、雪もめったに降りません。

産業としては、明治の昔から第二次大戦後まで常磐炭鉱が賑わっていましたが、高度成長期に石炭産業が凋落したため、一度は勢いをなくしました。しかし、大胆に観光産業への転換をはかり、東北地方では最も集客力があるとされるリゾート施設、スパリゾートハワイアンズとして結実させました。ここは開業当初から「常磐ハワイアンセンター」として全国的に知られ、後に映画『フラガール』の舞台となって、脚光を浴びました。

いわき市は今では福島市、郡山市と並んで福島県の工業、観光などを担う中核都市ですが、歴史的に見ると、福島県というよりは茨城県側の地域との関係が深く、交流も緊密でした。そのため市民の意識は今でも福島や郡山より、茨城県、さらにはその先の東京に向いているとボクには思われます。事実、福島や郡山にはアクセスが不便なので、ボクでもよほどのことがない限り足を向けません。

いわき市の人口は平成28年（2016年）4月1日現在で約34万7千人。ピーク時の平成10年には約36万人であったのが、その後徐々に減少し、平成23年（2011年）の大震災の年には約33万9千人に。以後平成25年から27年までの3年間は32万人台で推移してきました。それがここにきてかなり増えたわけです。原発事故以後、双葉町などの被災者の人たちが、いわきに移住したのがひとつの原因でしょう。

実はそのことで、いわき市では一時深刻な問題が生じました。原発事故の後、少なくない被災者がいわき市に避難してきて、仮設住宅などに住むようになりました。その人たちは当面働く場所がなく、しかたなく昼間からパチンコなどをする人もある程度いたのです。しかも被災者には原発避難者補償金が出ていましたから、それに対するやっかみもあって、「彼らは態度が大きすぎる」と非難するいわき市民も出てきました。でもこうしたいざこざも今ではあまり聞かなくなりました。

ボクとしては当然のことですが、従来からの市民はもとより、新しくいわきに移って来た避難者の方々も含めて、同じいわき市民だと思っています。住民票をまだ移していない方もいるようですが、そういう人も含めてのことです。同じいわき市で暮らし、同じ学校に行っている中高生は、おそらく同じような悩みを抱いているはずです。そして同じように少しメンタルが弱いのではないでしょうか。この本でボクは、そういう生徒たち、またその親御さんたちにエールを送りたいと思います。

▼もともと平和でのんびりした土地だったいわき

人間の気質は、その人が生まれ育った地域の特徴に影響されるものです。先ほどいわきは温暖な気候だといいました。その影響ということなのでしょう、いわき人は温和でおとなしい、というのが多くの福島県人の評価です。実をいうとボクもそう感じているひとりです。

この性格がよく表れたのが、幕末から明治に移るときです。ご承知のように東北地方は全藩が徳川方でした。明治新政府軍は、最後まで抵抗した東北諸藩を憎み、幕府が瓦解すると反政府の中心だった会津を標的として「会津追討令」を出します。これに対して東北諸藩は「奥羽越列藩同盟」を結成して抵抗。会津藩は苛烈な戦いの末敗れて、それ以後は朝敵として明治政府に徹底的にいじめられます。

この会津戦争を含む、幕末の一連の新政府軍対幕府軍の闘いが戊辰戦争で、新政府軍はこれに勝利して、新しい時代の主役になっていくわけです。この戦争で会津藩は白虎隊の悲劇も含め、徹底的に、そしてドラマチックに闘います。一方今のいわきの磐城平藩は、わりに早い段階で新政府軍に制圧されてしまいます。いろいろな見方があるでしょうが、当時から「いわき人は戦争を好まなかった」のではないか、とボクは思っています。

どうもいわきの人たちは明朗快活で楽天的な、東北人らしくない気質を持っているようです。悪くいえばあまり気概がなく消極的で、温室育ち――ということになるのでしょう。俗説かもしれませんが、ボクはこの分析が当たらずといえども遠からず、だと思います。

だからでしょうか、いわきを東北地方ではなく、北関東だと誤解している人が少なくないのです。ボクも芸能マネージャー時代(このことについては後で書きます)に上司から「丹野、おまえは茨城だったよな」と言われたことがあります。要するにあまり東北人らしくないのでしょうね。

明治、大正を経て昭和になり、戦争まで、いわきにはこれといった大きなできごとはありませんでした。戦後、石炭ブームのとき、常磐炭礦(会社名)は全盛時代を迎えますが、しばらくすると国のエネルギー政策が変化し、石炭産業は勢いをなくします。ところがこの会社は思い切った方針転換を実行し、炭鉱になんと〝東北のハワイ〟=「常磐ハワイアンセンター」をオープンさせ、ブームを呼びます。といっても、全国的な視野からすればこれはきわめてローカルな話題にすぎません。けれどもいわきのできごとで日本中に知られたのはこれくらいしかなく、日本現代史の重要な舞台になったことなど一度もないのです。

　こうしていわきは、明治から１００数十年、のんびりした一地方都市として存在してきました。そこに暮らす人びとも、多くがのんびり屋さんであったと思います。ところがそののんびり地方都市が、約6年前に大震災と原発事故という、とてつもないできごとに遭遇しました。それでさすがにのんびり屋のいわき人も、右往左往することになりました。

　地震と津波は、４００数十人のいわき市民の命を奪いました。幸いわが家と「丹野独学塾」はたいした被害を受けませんでしたが、あのときの虚脱感は終生忘れないでしょう。

　その後いわきからは大勢の人が去っていき、また原発の被災地からは大勢の人が避難して入ってきました。市街は一時、ひどくひっそりとしましたがそのうちだんだん旧に復してきました。とはいってもまだ復興は途上です。

　そういう目まぐるしい変化の中で、私と惠子は若い塾生たちに英語と数学を教えて日を送ってきたわけです。そして冒頭に書いたように、「どうもこのごろの生徒たちは、元気がないのじゃないか」と思い始めたのです。

　単に穏やかとかおとなしいだけならば、「それは彼（彼女）もいわき人だから、おっとりしているのだろう」で済みますが、どう考えてもそれだけじゃないらしい。おとなしい、というより無気力に近いのではないかと疑われる生徒も出てきました。これは学習塾にとって大問題です。塾の使命は、塾生を志望校に合格させることです。親御さんはそのためにお金を払っているのです。しかし肝心の生徒が無気力では、こちらは打つ手がありません。いうまでもなく受験は闘いそのものです。その闘いの場に臨んで無気力だったら、結果は明らかです。「これは困った。どうすればいいのか」というのが、今のボクの悩みです。

当然ですがこうした問題に対して、特効薬は存在しません。ただ「頑張れ」とか「気合い入れて勉強しろ」といっても、生徒たちは引くだけでしょう。またそういう体育会的精神主義で解決できるような、表層的な問題ではない気がします。しかし途方にくれているばかりでは、どうしようもない。そこでボクは、とにかく生徒たちに寄り添い、話を聞くことから始めよう、と思いました。

ボクは「おとなし過ぎる子どもたち」になんとなく気がついておられる親御さんと一緒になって、どうすれば子どもたちが元気になるのか、彼ら彼女らのメンタルをどうすれば強くできるのだろうかを考えてみたい。そうしなければならない事態なのです。

本書は親御さんへの応援歌だと書きましたが、同時に、この本を書くこと自体を親御さんとボクたち夫婦で取り組む「子どもと若者を元気にするプロジェクト」の、重要なひとつの要素にしたいとボクは今思っています。

▼褒めて自信をつけさせる、ボクのやり方

「メンタルが弱い」というい方をすると、すぐ「引きこもり」や「不登校」、あるいは「ニート」に結びつけられてしまいがちです。しかし明らかに引きこもり、不登校、ニートという状態のお子さんは、この本の対象ではないことをまずお断りしておきます。もしお子さんがそういう状態ならば、迅速に対策を講じなければなりません。すぐに専門家（カウンセラー、精神科医など）に相談することです。そうしないとその子の一生が気の毒なことになってしまう可能性があります。そういう段階に至ったら、ボクのように特別な知識も治療経験もない人間が関わるべきではない、と思います。今、各地方自治体では、そういうお子さんとその親御さんに対する支援体制を充実させていますから、相談なされば親切に対応してくれます。

ではどういうお子さんたちのことをボクが「メンタルの弱い子ども・若者」としているのかというと、それはごくふつうの少年少女たちのことです。今ふうの呼び方をすれば「フツーにメンタルの弱い子」です。「ちょっと引っ込み思案かな」「もう少し自己主

張をしてもいいのにな」「もっと積極性があれば、部活のリーダーにだってなれるだろうに」…そんな風に先生を始め周りの大人たちから見られている子のことです。

こういう子どもたちは、たくさんいます。うちの塾だって3分の1くらいの生徒がそんなタイプです。ではそういうお子さんに対して、ボクや妻が特別なことをするかというと、それはしません。ほかのお子さんと同じように、その生徒の学力水準を見ながら、志望校に合格するために有効だとわれわれが考える教え方をするだけです。なぜなら「丹野独学塾」はあくまで学習塾であり、それ以上でも以下でもないからです。

「丹野独学塾」の特色のひとつに、「徹底してマントゥーマンで教える」ということがあります。これは塾生が10数人、少ない時ならたった5～6人という小規模塾だからできることで、ふつうの塾はそんなことはしません。マントゥーマン指導のようなサービスをしたら、そしてその月謝が「丹野独学塾」並みなら、とてもじゃないが採算が取れないからです。逆にいえば、うちの場合はあまり儲けようとはしていないので、マントゥーマンで教えられるわけです。

そういう丁寧な指導はたしかにうちの教え方の根幹なのですが、でも「丹野独学塾」の指導メニューの中に「生徒の心を健全にする」という項目はありません。あくまでも学力の向上がわれわれのミッションです。

とはいっても現実問題として、その生徒の気持ちが少し弱いために、その子が本来持っている能力を出せていないようなケースでは、心を強くするためにどうすればいいのかを模索します。その子の気持ちさえもう少し強くなれば成績が必ず上昇することを、われわれは長年の経験で知っているからです。

けれどボクと恵子とでは、そういう生徒に対する向き合い方が少し違います。恵子の場合はじっくりその子の話を聴き、その子に寄り添ってアドバイスをします。ボクの場合もじっくり話は聴きますが、その後はひたすらその生徒を褒めまくります。変ないい方ですが、「ヨイショ」をするのです。もちろんでたらめに褒めるのではなく、その子のいいところを、です。なぜそうするのかというと、30数年前、ボクは東京のある芸能プロダクションでマネージャーをしていた経験があり、そのとき「タレントを育て、輝かすためには、ひたすら彼らをよい気持ちにさせて自信を持たせることだ」と確信したからです。

「弱さ」の多くは「自信のなさ」からくる、とボクは思っています。であるなら、自信をつけさせれば自然に弱さは影をひそめていくはずです。そして自信は、ボクの考えでは、人に認められて初めて得られる感情なのです。だからひたすら自分が担当する新人タレントが自信を持つように、なにかというと「オッ、いいよ、今の表情！」とか「せりふ回し、うまくなったよ。きっと今度のオーディション、大丈夫だ」とか、褒めまくりました。すると不思議なことに、その新人タレントが、徐々に光ってくるのです。

これ、当然なんです。だって芸能マネージャーが接する新人は、「よし、タレントになろう」と決意してこの世界に入ってきたわけで、小さいころから「イケメンだ」とか「かわいい」といわれてきたはずです。かなりの自信を持っていたのだけれどプロの世界は甘くないから、無視される。それで自信を無くす。けれども、もともとはある程度の自信をもっていたのですから、マネージャーが心から持ち上げ、「自分はタレントとしてやっていけるのだ」という意識にさせれば、その自信を取り戻すことが可能です。

ある意味ではすれっからしの新人タレントだってそうなのです。だからごくふつうの「メンタルが少し弱い子」にはとても有効な方法だと、ボクは自信を持っています。ただしこの褒めまくりは、作為的にしたのではまったく効果を発揮しません。心から褒めることです。ボクはそうしています。本当にそう思っていることしか、口にしません。そうでないウソなんて、デリケートな神経を持つ今の子たちはすぐ見破りますから、信頼をなくすだけです。

ご家庭でお子さんを褒める場合も、この点には必ず気を配ってください。

第2章

このごろの若い子、たしかに弱くなっている気がします

大昔から大人たちは、「近ごろの若い者はなっていない」と嘆いてきました。その「なっていない」にはさまざまな意味が含まれていますが、代表的なものは「礼儀知らず」「長幼の序をわきまえない」「辛抱が足りない」「チャラチャラして地道な努力をしない」などでしょう。つまりひと言でいってしまえば「生意気で、いい気になっている」ということじゃないでしょうか。その中に「どうも弱くて困る」という意味は、あったとしてもほんのわずかだったと思います。

でも世の中は変わってしまいました。今の若者が「生意気だ」と非難されることはほとんどありません。生意気といわれるほど、彼らは強くないからです。うちの塾生を見ていてもそう思います。15年ほど前なら、教えているこちらが〝カチン〟とくるようなことをいう生徒がいたものです。それだけ自己主張が強い子がいたのですね。そういう生徒がいなくなったというのは、やはり「弱い子が多くなった」証拠だとボクは思っています。

ある中学生の女子生徒がいました。よくできる子で、中でも社会科は得意でした。うちの塾では独特のノートをつくらせますが、その子は社会科に限ってそのノートづくりをしませんでした。恵子が何度も「ちゃんとノートをつくったほうがいいよ」と注意しましたが、「私は社会なら全部頭の中に入っているから、ノートなんて必要ない」と、頑として聞く耳を持ちません。他の科目は、きちんとノートをつくっているのに、です。中間試験になり、案の定、社会科の点数はそれまでの最低点でした。

もちろん彼女は反省して、それから懸命に社会科のノートづくりをし、みごと志望校に入りました。この生徒の行動がいいか悪いかは別にして、またその結果がどうであったかも別にして、今にして思えば、かなり芯の強い子であったと思うのです。例えばこういう生徒に、われわれは久しくお目にかかっていません。教えるほうからすると、決してやりやすい相手ではないけれど、なにか手ごたえを感じさせる生徒ではありました。

それに比べて今の子ども・若者は、接していてあまり手ごたえが感じられないのです。ボクは自分の子ども以外にも、何人かにテニスのコーチをしたことがあります。スポーツは勉強よりも素質がモノをいう世界なので、懸命に練習したからといってトップになれるものではない。でも、どんな選手でも（若い子なら、ということですが）、一定のレベルまでできて、そこからグ〜ンと伸びる時期があるのです。そのとき、教えているほうはうれしくなるほどの手ごたえを感じます。「そうだ、そうだ、いいぞ、それ行け！」と思いつつ指導します。

これは勉強の場合にも当てはまります。塾に入ってきて数ヵ月、あまり成績が上がらなかった生徒が、なにがきっかけなのかわからないけど、ある時期からグ〜ンと成績が伸びてくる。こちらは手ごたえを感じます。こういうときに「塾で教えていてよかった」と思うのです。教師冥利というヤツです。

ところが最近はそういうグ〜ンという伸びを見せる生徒が少ない。いや、成績は徐々に上昇しているのです。しかし緩やかな右肩上がりであって、劇的なグ〜ンではありません。どうしてなのか、とボクは考えました。

これって、エネルギーの問題ではないのか。どうもそんな気がします。グ〜ンと伸びる生徒は、もともとかなりのエネルギーを内蔵していて、それが何かのきっかけでグ〜ンと表面に出てくる。貯まっていたマグマが噴出するわけです。しかし今の生徒は、もともと持っているエネルギーの総量が以前の子ほど大きくない。だからエネルギーが貯まって、あるときに噴出することもない。そもそも貯められるだけのエネルギーが初めからないのです。長年の経験からボクにはどうもそう思われます。

つまり今の子ども・若者は、エネルギーが少ないからおとなしく、弱いのではないか。ではなぜエネルギーが少なくなってしまったのか――それはさまざまな学者や評論家が分析してくれるでしょう。分析はボクの仕事ではないからしませんが、いくら正しい分析ができたとしても、それで事態が改善するわけではない。「エネルギーが少ない子ども・若者」というのが所与の条件なら、その条件のもとでどうするべきなのかを考えなければなりません。「所与の条件」なんて、大昔、中学時代に数学でお目にかかった言葉でしょうね。与えられた条件、の意味です。

そうするためには、ぜひとも親御さんの力が要ります。それは、「子どもともっとべったりの関係になる」ということではなく、その反対の意味です。お子さんが自立できるように、親御さんに手を貸していただきたい。どういうことかというと、つかず離れず、そっと見守ってほしいのです。エネルギーは、ある目標に向かうときに初めて湧いてくるものです。だからその目標を、親が設定してはいけない。お子さん自身に目標を決めさせ、お子さんが徐々に、エネルギーを体内と心に貯められるように仕向けていこうじゃないですか。その作業を及ばずながら応援したい。エネルギーの注入こそ、これからの親と教師の仕事です。

▼もとから強い人間なんて、ほんのわずかしかいない

昭和40年代くらいまで、子育ての基本的な考え方は「男の子は強く、女の子は優しく」というもので、ボクが子どものころはまだそういう雰囲気でした。そしてボクの家は、オヤジは元海軍大尉だったし、祖父には柔道の心得があったので、家の中はなんとなく男っぽい空気が支配していました。だからボクが強い子に育ったかというと、そんなことは全然ないのですが…。

でも体が大きく、運動神経もそこそこだったので、それに勉強もまあまあできたので、中学時代は生徒会長に選ばれたのです。そのころ、一部の生徒たちからいじめられていたMという教師を助けたことがありました。それが面白くなかったのでしょうね、先生をいじめていた生徒たちは、今度はボクをターゲットにしていじめ始めました。毎日、昼休みになるとその生徒たちの中のひとりが、ボクにかかってくる。ケンカといっても血が出るようなものではなく、単なるもみ合いに等しいものでしたが、それでも毎日です。相手は入れ代わり立ち代わりするけど、こちらはつねにひとり。それが1ヵ月以上続きました。そ

うなってくると、ボクのそばに来る者がいなくなりました。これには精神的に参りましたね。

そんなこんなで、ボクは学校なんかやめたくなりました。事実、2、3日はズル休みをしたのです。ボクはそのとき、いやというほど「弱い自分」を意識しました。結局なにかのきっかけがあってこのいじめはストップしましたが、今思い出しても、悪夢のようです。

なにがいいたいのかというと、「人間など弱い」ということです。ましてや人生経験の少ない少年少女時代はそうです。中にはイチロー選手のように、小さいころから「必ずプロ野球に入る」と決意を固め、しかも異常ともいえるような努力をしてその志を果たし、ビッグになった「強い子」もいます。でも99％の人間は、弱い。それで当然なのです。

例えば柔道の野村忠宏さん。アトランタ、シドニー、アテネの3回のオリンピックで金メダルに輝いた名選手です。お父さんが柔道場を開いていた環境だったので、小さいころから柔道を始めたのですが、子どものころは強くなかった。いや「めっちゃ弱かった」と本人はいっています。女子にも負けていたそうです。

また全然違う環境の人ですが、あの科学者のニュートン。生まれる前に父親が亡くなり、2歳のときに母が再婚。祖母に育てられましたが、いつも家にいる孤独でひ弱な子でした。学校へ行ってからはいじめられてばかり。少しいじめられるとすぐに涙が流れます。「泣き虫ニュートン」とあだ名をつけられ、みんなからバカにされていました。

むろんほかにも、子どものころ心が弱く、いじめられていた著名人はたくさんいます。少しばかり気が弱い、体力的に劣っている、だからみんなから軽んじられている——そんな存在は、どこの子どもの社会にでもいたものです。でもそういう子が年齢を重ねてもそのままかというと、そんなことはない。成長するにつれ、もともと持っていた資質が表れて光りだし、ついには名を成す人間になる。そういう例も、ゴマンとあります。

だから、今の気の弱い子ども・若者だって、いつかちゃんとなるさ、というのであればなにもいうことはない。しかし違うような気がします。そこが問題です。先ほどあげた例でいえば、野村選手は中学時代こそ女子に負けたりしていましたが、高校のとき県大会で優勝。それがきっかけとなってすごい選手への階段を昇っていきます。ニュートンは学校の成績は良くなかったけれど、工作だけは得意でした。あるとき小さな水車をつくり、実験をしていたところにガキ大将が通りかかって、「お前にそんなものはつくれないだろう。誰につくってもらったんだ」とからかいました。自分の工作の能力を疑われたニュートンはがぜん頭にきて、そのガキ大将にとびかかってついに降参させてしまいました。

こうなれば問題はないし、以前はこういう子が多かったものです。でも今は少ない。ニュートンの例でいえば、ガキ大将にからかわれた段階でなにも反発できず、家に帰って泣くばかり――なんてことになるケースが多いように思います。

そんな子に必要なのは「レジリエンス」です。心理学用語で「精神的回復力」「復元力」を意味します。誰だって落ち込むときはあります。試験に落ちた、ケンカしてやっつけられた、好きな異性にふられた、バカにされたのに反発できなかった、みんなの前でみじめな姿をさらした……。ある意味人生は残酷で、ときに人の心を、いやというほど奈落の底に突き落とします。それはしかたがないのです。でも、そのままではいけない。そこから立ち上がらなければなりません。

ボクシングでいうなら、たしかに一度はダウンを食らった。でも必死に立ち上がり、ファイティングポーズを取らなくてはいけません。ダウンして、そのままならもうパンチを食らうこともないし、身体も精神もラクです。しかしそこで諦めると、二度とリングに立てなくなるかもしれない。われわれはつらくても、人生というリングに立ち続けなければなりません。それが生きることなのですから。でもふつうの人は、決して強いわけじゃない。ましてや今の子ども・若者たちは。だからこそ強くなる必要があります。それには「自分なんてダメなんだ」という意識を捨てさせ、「自分はできる」という意識を持たせることです。

▼「あこがれ」のすすめ――〝無関心病〟から抜け出す第一歩

ボクの胸の中の永遠のヒーローは、亡き高倉健さんです。そう、「さん」付けで書かないと気が済まないほどのあこがれでした。なにしろカッコよかった！　映画のラスト近く、ドスを懐に敵地に向かうときの素晴らしさ！　今思いだしてもゾクゾクします。むろん映画を観た後は、ボクは健さんになり切っています。街ですれ違うトッポイやつにはガンを飛ばし、「いつでもかかって来い！」と心の中で叫んでいます。あー、若かりしころの、あのどうしようもないボクよ！

そんな経験があるからよくわかるのですが、「あこがれ」って大事です。ボクは単純なので健さんにあこがれましたが、対象は誰だっていいのです。といっても、異性は別ですよ。異性の場合は、どうしたって恋愛感情が含まれてしまいますから。そうではなく、あくまで「生き方の見本」としてのあこがれです。小説の主人公のような架空の人物でもいいのです。あこがれの人を持つのは、「強くなるコツ」のひとつだと思います。

でも、今の中高生に「あこがれている人はいる？」と尋ねたら、ほとんどの子が「ない」、あるいは「別に…」と答えるでしょう。たぶん彼らには「あこがれる心」のワクワク感が実感できないのです。また誰かにあこがれて、その人の生き方を自分の生き方に反映させるなんて、想像もできないのではないでしょうか。

だからなにかにつまずいたとき、うまくいかなかったとき、「あの人ならどうするか?」という発想が浮かびません。心にワンクッションおけない。その事態から来る衝撃をストレートに食らってしまう。それで心がなえてしまいます。次からはそんなみじめな経験をしないように、日ごろから自分の心をさらけ出さないように用心深くなります。その一番いい方法は、なにかに関わらないことです。すなわち関心を抱かないことです。

かくて彼ら彼女らは、なにかというと「別に…」「わかんない」を連発することになる。初めのころの「別に…」「わかんない」はポーズだったかもしれないが、そればかりいっていると、そのうちそれが本当になってきてしまいます。少し「カッコいいだろう」と思ってわざとそうしていた無関心のポーズが、自分の身についてしまう。もうそうなると、あらゆることに強くなれなくなります。だって「強い」というのは、そのことに多大な関心を持って執着しなければ現れない現象だからです。

この〝無関心病〟から子どもをどう遠ざけるか、われわれは真剣に取り組む必要があります。それが本当にできるのは、学校の先生じゃない。親御さんと友だちです。本当は友だちの影響が強いと思いますし、またそれがあるべき姿だと思うのですが、今の子たちって、本当の親友がいないことが多い。それは無理ないですよね。ほとんどのことに無関心なら、友だちができるはずがないのです。

ここまで「無関心」と書いてきましたが、今の子たちだって関心を持つものはあります。典型的なのが、ゲームやアニメです。それについてはとても詳しいし、いくらでも語ることができます。ただし、自分と同じ興味を持っている同年輩の子に対してだけですが…。で、話を戻します。友だちは別として、では親御さんはどうすれば子どもを〝無関心病〟から救うことができるか? それは行動で示すしかない。日ごろ、なにかに一生懸命取り組んでいる姿を見せることです。趣味でいいのです。本当は真剣に仕事に取り組んでいるところを子どもに見せられればいいのですが、今、それは難しい。なぜかというと、ホワイトカラーの場合、仕事の現場を子供に見せることは不可能だし、また見せたっていい影響を与えないかもしれないからです。例えばオヤジが重役に叱責されているところとか、営業で頭を下げまくっているところ(実はこれは本当は尊い仕事の一環なのですが、部外者にはそう見えませんから)など、仕事というものを知らない子どもが見れば、かえって軽蔑する可能性があります。

また趣味といっても、ギャンブルなんかじゃないほうがいい。絵を描くとか、俳句をひねるとか、あるいは山登りとか、テニスとか…。そしてその世界で尊敬している先輩がいるといい。そういう先輩のことを話すとき、お父さんやお母さんの目が輝き、表情がイキイキするからです。つまり先輩あるいは先生は、親御さんのあこがれであることが、子どもにわかるからです。「ふーん、オヤジの尊敬している○○先生って、そういう人なのか…」――いつか子どもはそう思うようになり、なにかに夢中になる、人を敬うことの素晴らしさをなんとなく感じるようになります。これは大切なことです。

そういう趣味がないのなら、これから始めればいい。「お母さん、もの好きになにを始めたんだ?」と最初は思うでしょう。でもそのうちお母さんの本気度がわかってきたら、お母さんを見る目が違ってくると思います。そしてはっきりとではないかもしれないが、「なにかに夢中になるって、いいな」と思い始めるのではないでしょうか。

その結果、子どもがスポーツでもし始め（部活でなくてもクラブでもなんでもＯＫ）、そこにあこがれの対象となる先輩がいたら最高です。その先輩をアイドルにして、子どもは心身ともに成長する。あこがれが子どもの意識を前向きにさせるからです。

▼弱くたっていい、等身大の親の姿を見せること

ここまで、近ごろの子ども・若者たちはメンタルが弱いのではないか、という話をしてきました。おそらく誰もが感じていることでしょう。では改善の道はあるのか？　改善の道を早く見つけないと、この国は近い将来大変なことになるとボクは恐れています。このことは、おそらく多くの人が考えている以上に深刻な問題であると、ボクは感じているのです。

自分の能力不足を承知の上で、ボクは本書でこの課題に取り組んでいこうとしています。そうするとどうしても、次のことを前提にしなければなりません。それは「今の子ども・若者たちのメンタルが弱いのは、親のメンタルが弱いからではないか」ということです。

こんないい方をすると、「なにをエラソーに」という批判が出るのはわかっています。また「そういうお前は、どうなのだ？　人になにかいえるほどのパワーがあるのか？　あるというなら、その実績を示せ」と反論されるでしょうし、それは当然です。前に書いたように、ボクは心理学者でも精神科医でもないのですから…。

それでも「子ども・若者たちが精神的に弱いのなら、どうすればいいのか」を考える際に、

「親の弱さの影響」を無視はできないと思っています。正直にいうと「今の親御さんは、ご自身がそれまでの世代の人間に比べると弱いから、その影響が子どもに出ている」とボクは考えています。そして断っておきますが、ボクは「弱いこと」が「悪いこと」だとは思っていません。いや、適度な弱さがあることこそ、人として美しいあり方だ、とさえ思っているのです。

それでもいいたいのは、「弱いと生きていく上でとてもつらく、またこの上なく損である」ということです。誰だってつらくて損な人生より、楽しく愉快な人生を送りたいはずです。そういう人生にするためには、ある程度強くなくてはならない。ならば、お子さんが楽しく愉快な人生を送れるよう、親としてできることはしてあげたいじゃないですか。そうするためにもまず、「自分は弱くはなかっただろうか？　自分の弱さが子どもに影響したのではないだろうか？」とご自身に問うてはどうでしょう。そこから出発するのが、もっとも効果的なようにボクは思うのですが…。

そして「自分にはこういう弱さがあった」と思えたら、それを前提にして、お子さんにこれからどう接していけばいいのかを考えればいいのです。

今、中学生・高校生のお父さん、お母さんの年齢は、平均すれば40代でしょう。いわゆる「ロスジェネ」、そう、数年前に話題になったテレビドラマの主人公、半沢直樹くらいの世代です。半沢は「やられたらやり返す。倍返しだ！」のセリフで有名になった強気な男ですが、もちろんそれはドラマでの話。

実際のこの世代、中でも1975年以降に生まれた人たちは、子どものときからテレビゲームに親しんだことに特徴があると、ボクは考えています。またこの世代が高校生・大学生のとき、本格的なインターネット時代に突入しました。その点で、今の子ども・若者たちと感覚が共通する部分が多いのです。逆にいえば、リアルの世界に少し違和感がある。もっというなら、どろどろした人間世界の葛藤に慣れていない。すなわちメンタル面で少し弱いと、ボクには思われます。

そう考えると、今の親子は、わかり合える部分がとても多いはずなのです。リアルに少し弱いというのは、いい換えれば「バーチャルに親しみを感じる」ことであって、今の子たちは、それがもっと進んでいます。ただし親御さんの少年少女時代でもそうだったように、バーチャルな世界にはまってしまうと、外に出ることが少なくなります。外に出ない→だから人と接しない→人との接し方がわからなくなる→人と会いたくなくなる→閉じこもる、という経過をたどりがちです。でもそこまでいくのは、例外ではありますが。

少しメンタルが弱い子は、誰が苦手だと思いますか？　そうです、強い人です。なぜあんなに強いのか、子どものほうからいわせれば「なぜあれほど無神経なのか」理解できず、そういう人には近づかないようにします。ならば、今の親御さんは大丈夫です。程度は違いますが、子どもたちと同じような弱さを、いい換えればデリカシーを持っているからです。

大事なのは、それを子どもに見せることです。「なんだ、パパやママだって自分と一緒じゃないか」と子どもが感じればいい。そのためには、自分を飾るのは好ましくない。強くもないのに強い振りをしたり、自分の少年（少女）時代はあなたのようではなく、もっとしっかりしていた、と誇張していったり、ということです。子どもはウソを見破る名人ですから。

ただしだからといって、子どもと友だち関係になる必要はありません。というより、それはしないでください。あくまでも親は親、子は子であって、友人でも恋人でもないのです。

つまり日ごろから飾らないで自分を出して、自然に接していれば、子どもは親を理解してくれます。立場は違うけれど、また性格も少し違うけれど、なにか困ったことがあったら相談しよう――と思います。これが大事です。相談できる親こそ、子どもにとってなにより強い味方であり、理解者なのですから。

この親と子の関係については、本書のさまざまなところで触れていこうと思います。

▼子どもが弱くなった原因は？

どんな事象や現象でも、それが起きるに至った理由は単純ではありません。いろいろな要素が複雑に絡み合い、影響し合って、その現象を生み出します。「近ごろの子ども・若者のメンタルが弱くなった」というのが本当ならば、そうなったのにはさまざまな原因が考えられるわけです。

順不同であげてみましょうか。まず子どもの絶対数が少なくなったこと。このこと自体は紛れもない事実であり、しかも今後もこの傾向が続くだろうと予想されています。

２０１５年（平成27年）４月１日現在のわが国の子どもの数（15歳未満人口）は、１６１７万人で、これは34年連続の減少です。そして全人口に対する子どもの割合は12.7％（総務省「人口推計」より）。こちらはなんと41年連続の低下です。また「出生数」と「合計特殊出生率」から推計すると、夫婦が一生に生む子供の数は１.42人（２０１４年）です。間もなくは１.３人台になると予想されています。

このような子どもの数の減少は何を意味するのか？　当然「ひとりっ子が多くなった」

ということです。ひとりっ子そのものについての信頼できる統計はありませんが、そう見て問違いないでしょう。そして「ひとりっ子が多い」ということが、「子ども・若者たちのメンタルが弱くなった」原因を考えるとき、重要なポイントになるとボクは思っています。むろん「ひとりっ子だから弱い」というわけではありません。しかし、ひとりっ子は、兄弟のいる子どもに比べて、競争力とか闘争心という点ではどうしたって劣勢になります。

ボクが子どものころ、つまり１９６０年ごろは、まだ５人兄弟なんてざらにいました。しかもどこの家も経済的にはそれほど豊かではなかったので、お菓子やおかずの取り合いなど日常茶飯事。自然に「負けちゃいけない」という競争心が芽生えたものです。

その点ひとりっ子は競争相手がいないので、両親の愛情を独り占めできます。競争心の育ちようがない。しかも今はどこの家庭もある程度裕福ですから、養育費は全部この子のためにつぎ込まれます。加えて、ひとりっ子へお小遣いその他が与えられる機会がすごく多い。両親にプラスして、両親の父母、つまり４人の祖父祖母たちからも与えられるのです。与えられるのはお小遣いや遊び道具ばかりではない。それぞれの愛情がひとりの子どもに降り注がれることになります。

これで甘えん坊にならなかったら、それこそおかしい。

先ほど、今の家庭は経済的に恵まれている、といいましたが、むろんそうではない家庭もたくさんあります。中でも子どもの貧困の問題、離婚の増加によるひとり親家庭の増加の問題などは深刻ですが、これについては別のところで書きます。

ともかく一般論として、ひとりっ子が多く、それは当然ながらひとりっ子の弱点を持った子どもが多くなっていることを意味します。

またひとりっ子ではなくても、昭和の時代に比べれば、親の育児に関する関心はずっと高まっており、それはともすれば子どもへの過干渉という形で表れてきます。ところが親が口を出せば出すほど、子どもは自立心がなくなり、自立のためのノウハウも身につけられません。結果として「弱い子」になってしまうわけです。

さらに、今、地域社会のコミュニティが崩壊しつつあります。それは子どもにとって、さまざまな人と接する機会を失うことです。両親と、親しい友だちくらいしかふだん話す人がいない。大人といったら、学校の先生と塾の先生くらいしか知りません。当然、人とどう話していいのかわからない。だから人を避けるようになります。つまり引っ込み思案になってしまう。

もうひとつボクが重視しているのが、子どもの体力の低下です。文部科学省の平成25年度の調査では、平成元年度と比べ、特に握力、50メートル走、ボール投げで子どもの能力の低下が目立ちました。中でもボール投げでは、男子、女子とも、能力がグンと落ちています。以前から「体格は良くなったけれど、体力は落ちている」といわれていた傾向は、変わっていないのです。

体力がないということは、へばりやすく、瞬発力も持久力もないわけで、誠に頼りないもやしっ子です。それは当然、気持ちの弱さにもつながります。一般的に、親御さん、特にお母さん方は、学力については敏感ですが、体力についてはそれほど関心を持たない傾向があります。これは大きな間違いです。すべての強さの源は、体力にあるのですから。今、都会では児童の体力アップを目的にする塾がかなりできています。体力のない子はいじめられやすいのと、一部の名門私立小学校が体力を重視するのが理由だと思われます。

まだまだ原因はありますが、とにかく、今の子ども・若者が弱くなってきているのは事実だと考えられます。本書では、そういう状態から子どもを抜け出させるためには、親御さんはどうすべきかをボクと一緒に考えていきます。

そこで「弱い」とひと言でいっているけど、弱さにはどんな弱さがあるのかを、次章で考えてみましょう。

第3章

「うちの子、弱いので…」とおっしゃいますがどんなところが弱いのでしょうか?

自分と違うタイプの人を理解するのは、なかなか難しいことですね。それがわが子であっても、です。ある男子中学生の塾生は、のんびり屋でマイペース型。ところがお母さんは、シャキシャキした活発な方です。よくボクたちに「なんであの子はあんなにボンヤリなんでしょうね。パパに似たんだわね。じれったいったらないんですよ」とこぼされます。

「いや、彼は一見茫洋としていますが、やるときはやりますから心配ないですよ」と、ボクは慰めます。気休めでいっているのではなく、彼がバドミントン部の副主将として活躍しているのを知っているからです。面白いことに、バドミントンでは機敏な動きを見せるのだそうです。たしかに勉強は今のところ優秀とはいえないが、彼なら、ここぞというときは頑張ってくれるはずです。でもお母さんはあまり部活に好意的でなく、もっと勉強してもらいたいとお考えです。ボクたちは彼に勉強を教え、成績を上げて志望校に合格させるのが仕事ですから、むろん彼に勉強してもらいたい。でもそれはそれとして、スポーツで鍛えられ、後輩に慕われている彼の個性は、とても貴重なものだと思っています。

こういうタイプは、日常生活の中でパッパッと機敏に動くのは苦手かもしれません。勉強でも「一を聞いて十を知る」ということはない。しかし問題にじっくり取り組み、手抜きをしないので、時間は少しかかるけれど確実な成果をあげます。スポーツでいえば、チームが苦境に立たされたときでも、あわてず騒がず、1点ずつ取って追いつこうとするタイプです。

人から見ると「こういう欠点がある」と思われる子でも、見方を変えればそれが長所である場合がよくあります。親御さんなら一面的な見方をせず、子どもの良いところをおおいに評価していただきたい。

こういうマイペースの子がいる一方、反応は素早いけれど、どうも落ち着きがない——という子もいます。ひとつのことにじっくり取り組むのが苦手で、なにかをちょっとやってはすぐに放り出し、また違うことを始めるのだけど、これも長続きしない。勉強も忍耐力がないので、結局成果があがらない。しかしこんなタイプは、人の気持ちを察するのがうまく、誰とでも仲良くやれるという長所を持っています。そしてなかなか優秀な頭脳を持っていることが多いので、忍耐力さえつけば勉強も伸びていくはずです。

つまり「弱い」といってもその中身はいろいろで、親御さんの持っていきようによっては、一見欠点と思えたその子の特徴が、良いほうに出ることも珍しくないのです。大人だってそうですが、欠点のない人はいない。ましてや未熟な少年少女たちです。いくら「いい子」であっても、必ず欠点は持っています。それは当然のことなので、よほどひどくなければ、その子の短所にそれほど神経質になる必要はないと思います。ただし、「どういう面が弱いのか」には、親としていつも関心を持っていていただきたい。

もうひとつお父さん、お母さんに申し上げたいことがあります。その子の弱さが、親御さんの影響であることが多い、という事実です。例えば子どもが、どうも人とうまく話せない、つまりコミュニケーションの取り方が下手だ、という場合。よくあるケースはお母さんもそういうタイプで、人の中に入ってうまくやっていけないところがある。そういう場合は親御さんも「あの子は私に似てしまったから…」と気づきます。それならそれで、親子でコミュニケーション力のアップに取り組んでいけばいい。むろん簡単なことではないですが、解決の方向は見えてきます。ところがお父さん、お母さんとも、とても活発な人柄なのに——というケースもあるのです。そのご両親の積極的な生活態度が子どもにある種の圧迫感を与えてしまい、結果として内にこもるタイプの子になってしまった、ということだってあり得ます。これに親御さんが気づくのは、かなり難しいことでしょう。つまり子どものこんなところが精神的ウイークポイントだと思われる場合、それが親御さんに似ている場合もあり、そうでないこともあるのです。

子どものメンタルが弱いと親御さんが感じたら、どう弱いのかを考えてみてください。それについてご夫婦で話し合ってみるといい。そしてその弱さの原因が、自分たちの態度や日ごろの行動にあると気づいたら、どうすればいいかがわかってきます。生活態度を改める、言葉遣いに気をつける、子どもの前で喧嘩をしないなど、いくらでも対策が取れるわけです。

むろんそれは易しいことではありません。でも親ですから、子どものためなら、たいていのことはできるはずです。問題はそういう自覚がなく、「自分のやり方が正しい」「私は間違ったことをしていない」「子どもに少し厳しく接しているのは、子どものためを思えばこそ」と信じ込んでいる親御さんです。こういう方だと、ボクらがいくら申し上げても聞く耳を持たない場合が多い。

そこでこの章では、子どもがどういう弱さを持っているのか、それは親御さんのどんな態度や生活ぶりが影響していると思われるか、そしてこれからどうしていけばいいのかを、考えてみましょう。

▼身体がひ弱な子ども・若者たち

ボクの身長は175cmで、62歳の男としては大柄です。でも今では、これくらいの身長はふつうでしょう。180cmなんてざらにいます。この10年くらいで若者の体格は格段によくなりました。でも体力となると、むしろ弱くなっているのではないでしょうか。

文部科学省の発表でも、子どもの体格の向上と、体力・運動能力の低下は相変わらずです。実はこの問題、多くの親御さんたちはさほど深刻に受け止めていないように思われます。しかしボクは、重大なことだと考えています。身体が弱いと、人間、どうしたって心も弱くなってしまうからです。

実際、引きこもりの子ども・若者の多くは、体力的にも強くないのではないかと想像されます。身体がひ弱だと、瞬発力も持久力も不足します。それが精神に影響を与えないはずがない。勉強するにしたって、ある程度の体力は必要です。体力があればこそ、勉強への意欲も湧き、ちょっと苦手な科目にだって一定の時間挑むことができます。しかし弱い子は少し長い時間根を詰めて勉強をすると、もうへばってしまいます。

そしてなにより体力的に劣っていると、いじめの対象にされる率が多くなる。子ども本人は当然のこと、親御さんだってそういう事態は避けたいに決まっていますね。いじめそのものについては別のところで述べますが、ここではいじめの対象にされないためには、まず身体が強い必要がある、とだけ申し上げておきます。

身体が弱い子は多くの場合、運動が不得意です。それは小さなころから、外で遊ぶ経験が少なく、また運動をする環境になかったからです。なぜそうなったかというと、親御さんが外で遊ばせることをあまりしなかったからです。そういう親御さんはご自身が子どものころ、外で遊んだり運動をしたりする経験が少なかった。そういうことが苦手だった可能性が強い。だからどう遊ばせていいのか、わからなかったのですね。

一方、子ども時代に田舎で自由に遊びまわって育ったり、学生時代にスポーツに親しんだ親御さんは、外遊びの面白さ、スポーツの楽しさを知っているので、子どもにもそれを経験させようとします。だから子どもも外で身体を動かす楽しさを知り、知らないうちに体力がついていきます。

ボクがこのことを特に申し上げたいのは、お母さん方に、です。どうもお母さん方は運動能力、体力についてあまり関心を持たない傾向がある。意識が勉強にばかりいってしまうからでしょうね。しかし身体を強くしておくことは、長い人生においては勉強以上に大事なことです。そして体力をつけるのは、本来幼児のころから心がけなければならないことです。中学、高校になってからでは遅過ぎるきらいがあります。

中学生になってから「さあ、運動をして体力をつけなさい」といっても、子どもは戸惑うばかりでしょう。またお母さんにしたって、本当のところはどうしていいのかわからない。それでも極端に運動嫌いでないお子さんなら、ボクはスポーツをすることをお勧めします。

中学2年くらいまでならまだ間に合うので、スポーツの部活に入れたらどうでしょうか。部活特有の先輩後輩の関係はあるでしょうが、中学ならそれほど厳しくもないでしょうし……。最初は少しきついかもしれませんが、3ヵ月もすれば慣れてきて、体力もグンとアップしてくるはずです。

スポーツの効用は実にいろいろあります。まず運動神経がよくなる。日常生活でも態度が機敏になる。あいさつができるようになる。集中力が出てくる。持久力がつく。我慢強くなる。コミュニケーション力がつく。ふだん身体を使うので、夜ぐっすり眠れるようになる。それにもまして、なにより明るくなるのが最高です。これはボク自身の経験からいえることです。

とはいっても、やはりスポーツの部活は、運動神経がある程度ないとつらい面があるのもたしかです。そういう場合はどうするか。ボクがいいことをお教えしましょう。部のマネージャーになることです。今は甲子園に出る高校野球のチームにも、多くの女子マネージャーがいます。マネージャーというのはとても大事な仕事です。外部に対し、その部を代表するのは主将とマネージャーなのです。マネージャーという英語は、経営者も意味します。その部なりサークルを引っ張っていくのがマネージャーで、重要でやりがいのある役目です。ぜひマネージャーへの道を検討してみてください。

とにかく身体が弱いとさまざまな面で損なのです。もっともいけないのは消極的になることです。何かにチャレンジしようという気が起きてこなくなる。そしてだらだらした生活になってしまう。その結果、自分から目立たない存在になろうと考えてしまう。当然自分の考えていることを他の人に伝えられなくなる。「自分なんてつまらない存在だ」と思ってしまう。〝マイナスの意識〟ばかりになってしまうのです。

そうならないために、もしお子さんの身体がひ弱であるとお考えなら、早く手を打っていただきたいですね。身体が弱いことに比べれば、勉強が少々できないくらい、どうということはないと、ボクは思います。塾の講師がいうことじゃないかもしれませんが…。

▼「勇気」がないと、すべてが弱くなってしまう

「弱い」とはなにか、と考えてみると、「前を向かない」あるいは「前を向けない」ことじゃないかと最近思います。人生には予定調和がない。なので、いつどんなことが起きるかわかりません。その不測の事態が起きたときに、それに正面から向き合えるのが強いということで、避けてしまおうとするのが弱いということではないでしょうか。その強さを身につけるためには、「勇気」が要ります。「勇気」って、思い切って向かっていくことだと思うのです。

どうも今の子ども・若者のメンタルを観察していると、この「勇気」が不足していると痛感します。だからなにかあると立ちすくんでしまう。どこか安全な場所に逃げ込んでしまえないか、と考える。いつもなにかに頼らなくては生きていけない、極端にいえば赤ん坊のような存在に、子ども・若者がなっているのではないでしょうか。

実はこれ、人間ならみんな持っている弱さだと思います。誰だって赤ん坊だったわけですからね。でも赤ちゃんもだんだん体験を積み、いつもいつもお母さん頼りではうまくい

かないことを学びます。そしてちょっと怖いけれど立って歩いてみる、触ってみる、というような体験を経て、いろいろ学んでいくわけです。

ところが今日では、その赤ん坊そのままで子どもになり、若者にまでなってしまったケースが多いと思わざるを得ません。原因を考えてみると、これもどうやら親御さんの影響が強そうです。いつまでたっても、子どもを赤ん坊扱いにした結果ではないでしょうか。

カーリングというウインタースポーツをご存知ですよね? 氷の上で目標とする円に円盤型の石(ストーン)を入れる競技です。選手たちはストーンを滑りやすくするために、ストーンの前の氷を箒で必死に掃きます。そう、ストーンの前の邪魔なものを排除するわけです。その姿に似ているということで「カーリングペアレント」という言葉が生まれました。子どもの前に現れるハードルを親が取り除いてしまう。そうすると子どもは、自分でなにも考えず、ただ親の決めた道を歩むだけになってしまいます。自主性がなく、いつまでも自立できない赤ん坊のような子ども・若者に育ってしまうのです。

当然、勇気なんて持ちようがない。子どもが勇気を最初に意識するのは、自分の前になにかが立ちはだかったときに、思い切ってそれにぶつかり、結果がうまくいった場合です。例えば初めてお友だちみんなの前で、歌を歌ったとか、です。初めは恥ずかしくて嫌だったけれど、思い切って声を出してみたらうまく歌えた――というような経験です。

幼児のころから、立ちはだかるものに立ち向かう経験をしていると、自然に勇気が身につき、積極的な性格に育ちます。しかしもし親御さんが「カーリングペアレント」的に行動してしまうと、子どもは人生を切り拓いていくうえで必須の要素のひとつ、「勇気」をいつまでも持てないようになってしまうのです。

もうおわかりのように「勇気」も、実は幼児のころに身につけておくべきものです。でも親御さんが「子どもには勇気が必要である」ことをお気づきになるのは、中学校に入ってからが多いのではないでしょうか。中学生ともなると、お母さんが排除できるようなヤワな障害物ばかりではなくなるからです。

ではどうするか？　なにか新しいことを体験させるしかない、とボクは思います。それも、できたら身体を動かすこと――スポーツとか、大声を出すこと――合唱とかがいい。演劇もいいですね。子どもは最初は嫌がるかもしれません。しかしそこは我慢させなければならない。勇気は、ひとりでいて身につくものじゃないからです。どうしたって、人の中に入ってさまざまな経験をしなくては、身につけようがないものです。

一度勇気を出すことを体験すると、次の機会には緊張はするものの、前よりスムーズに困難に立ち向かえるようになります。これをたびたび経験していくと、リーダーシップのある若者に育つのです。

その大事な最初の新しい経験は、親御さんがアドバイスしなくてはなりません。いや、それまでに自主性のある性格を持つようになっていれば、そんな必要はないのですが、弱い子の場合、たいがいはそれまで親御さんが路線を敷いてしまっていると思われるので、いきなり「なにか新しいことを始めてみては?」と勧めたところで、子どもは尻込みするだけでしょうから。

結論をいうと、「勇気は駆動力だ」と、ボクは考えています。クルマでいえば、走行させるためにエンジントルクをタイヤに伝え、タイヤが路面を蹴る力です。そのためには親がスターターを回す必要があります。そしてタイヤがちゃんと路面を蹴ることができたらしめたものです。後は人生という道路を、ハンドルさばきを間違えず、アクセルとブレーキをうまく使って走って行けばいいのです。

大事なのは最初の一歩。相撲でいえば立ち合いです。理屈ではなく、ともかくガツンと当たること。それが先ほど書いたスポーツや演劇をさせてみる、ということです。その一歩が踏み出せれば、やがて素晴らしい景色が見えてくるはずですから…。

▼反応が鈍いとバカにされる

今の子ども・若者たちが「自分もこうありたい」と願う人間像のひとつが「笑いが取れて、みんなに受け入れられる」というものではないでしょうか。テレビのバラエティ番組やクイズ番組で軽妙かつ即興的なやり取りをして笑わせているタレントたちが、ある意味で今の若者たちの理想像なのです。しかし子どもや若者たちはそれほど意識していないでしょうが、当然のことながら彼らはプロです。それも、今売れているのですから、プロ中のプロといっていい。浮沈の激しい芸能界でそうなっているからには、回転の速い頭脳を持ち、そのうえでなまじっかではない努力をしたに違いないのです。

ふつうの人がああなろうとしても、それは難しい。むろん子どもだってそんなことは承知しています。でもマスコミの影響力はすさまじく、どうしても意識してしまう。誰もがみんなを笑わせる軽妙なやり取りをしようとします。それがある程度できるのなら結構だし、自分がそれほど笑いを提供できなくても、みんなの輪の中に入って一緒に笑えるタイプなら、まあ問題はないでしょう。でもそうなれなかったら、悲惨なことになりかねません。

何年か前にKY（空気が読めない）という言葉がはやりましたが、言葉は使われなくなっても、そういうタイプの人が集団から浮きあがる傾向は続いています。こういう人は、自分の周りの空気に敏感ではないために、どうしても集団・グループの中で、トンチンカンな反応をしがちです。みんなが笑っているとき、その笑いの意味がわからず変な発言をしたり、みんなと同じ反応ができずに取り残されたりします。子どもや若者の場合、そうするとすぐに「うざい」とか「キモイ」とかいわれて、グループからはじかれてしまうことになる。いわゆる「ハブられる」のです。「ハブられる」とは仲間外れにされることです。

もちろん多少みんなから軽く見られたり、ハブられたりしたって、気にも留めない強さがあるなら、特に気にすることはないかもしれません。しかし子どもの場合、こうした反応を繰り返すと、いじめの対象になりやすい。それが度重なり、その結果、みんなに仲間外れにされた子どもは深く傷つきます。そして極端な場合、学校に行かなくなってしまう。そうなってから気がついても遅いのです。

つまり今の子ども社会、若者社会は、グループ内のある種の秩序から逸脱する存在に対して、容赦がない。そんな秩序なんて、グループの外に出てしまえばなんでもないのですが、そのグループ内では絶対の権威がある。これ、子ども社会、若者社会に限りません。大人の組織だって、この雰囲気が支配しています。だから、「仲間外れにする」、それが高じて「いじめる」という構図は日本社会の病気といってもいい。いじめは日本の宿痾《しゅくあ》です。だが今そういっていてもしかたがない。ではそんな子はどう導けばいいのかを考えましょう。

その前にもしお子さんが、みんなの中で反応がおかしかったり、あまりに鈍かったりしたら、病気かどうかを調べることです。今、ＡＤＨＤ（注意欠陥・多動性障害）という病気が話題になっています。これは最近明らかになった病気なので、まだ正確に理解されていません。きわめて大雑把にいえば、不注意（集中力がない）、多動性（じっとしていられない）、衝動性（考えずに行動してしまう）という症状がみられる発達障害です。そうであるかどうかを知るために、必ず医師に診察してもらうようにしましょう。

そこまではいっていないが、やはり人の中で孤立しがちな子であった場合、どうすればいいのでしょうか。これは親御さんが原因でそうなっているのかどうか、ボクには判断がつきません。おそらくそうではないと思いますが…。

こういう子に人の気持ちをわからせるためには、どういう方法があるのでしょうか。断言はできないが、物語を読ませてみてはどうでしょう。童話でも小説でもいいと思います。マンガやアニメでなく、つまり画像や映像ではなく、文字による童話か小説です。画像や映像はその形が見る者から想像力を奪ってしまうので、この場合はお勧めできません。で、童話や小説を読ませてどうするのか？ 主人公や登場人物が、なぜそう感じて、そういう行動をとったのかを考えてもらうのです。できれば親御さんとそれについて話し合ってもらいたい。なぜこのとき、ハリー・ポッターはそうしたのか？ 一方でハーマイオニーはなぜそういったのか？ それを考えさせて、人の気持ちに寄り添えるように訓練していくわけです。女の子なら、淡い恋物語でもいいのじゃないでしょうか。

もうひとつの方法は、材料にニュースを使うことです。ニュースといっても殺人事件や収賄事件ではなく、例えば選挙権が18歳に引き下げられたけれど、それをどう思うか、などというテーマです。それを親御さんと議論する。高校生なら、「原発是か非か」だっていいでしょう。大事なことは、自分はどう思うかを筋道を立てて考えられるようにすること、自分と違う意見を持つ人はなぜそう考えるのかを察することです。そして自分の意見を、人に配慮しながらもきっちりいえるようにすることだと思います。

そういう訓練をしていくうちに、ピントのずれが修正され、人と折り合えるようになる。そして反応も鈍くなくなっていく。孤独やいじめから距離を置くことができるようになるはずです。

▼「中途半端症候群」にサヨナラして、忍耐力を養おう

このごろの若い人は、よく「ハンパない」といいますね。「半端じゃない」、つまり「すごい」という意味です。感覚としては「スゲエ！」に近いでしょう。なぜこんな言葉がはやるのか？　自分を含めて彼らの周りが中途半端な人間ばかりだからだと、ボクは思います。

ではなぜ彼らは中途半端なのか？　根気がない、持続力がない――からでしょうね。そうなった理由は簡単で、自信がないからです。「オレって、ダメな奴だから」とか、「どうせ私はアタマよくないから」などと、自分を卑下している。だからなにかをやり始めても、すぐ「自分に合わない」とやめてしまう。そのことの面白さがわからないうちに白旗を掲げてしまうのです。本当は「合う」とか「合わない」じゃないのです。でもそれに気がつかない。なにしろ、そこまでやったことがないのだから…。

ボクからしたら、身体をゆすぶってやりたいほど歯がゆい。こういう中高生や若い人たちを、ボクは〝中途半端症候群〟と呼んでいます。彼らは、別に身体が弱いわけじゃないし、また頭が悪いわけでもない。ただ少しばかり「ヘタレ」であることが多いのです。「ヘタレ」

も関西発のはやり言葉で、情けないヤツ、優柔不断で臆病なヤッくらいの意味です。そこで「なぜヘタレになるのか?」を考えてみると、忍耐力がないからだと気がつきます。

忍耐力というと、「非常な苦難を耐え忍んで…」的なことを想像しがちですが、ここでいうのは、もっと簡単なことです。例えば毎日3時間集中して勉強をする、週に2回は部活の朝練で早起きをし、それを半年間続ける——といったことです。こんなことは、多くの中高生がしていることです。でも中途半端が身についてしまった子には、大変な忍耐力のように思えるのです。事実、結構な忍耐力を要するには違いないのですが。

今あげた勉強や朝練でわかるように、実は忍耐力を身につけるのは簡単です。習慣にしてしまえばいいのです。例えば週2回の朝練を1ヵ月続けたとしましょう。もうそのころには、週2回の朝練が習慣化されていますから、特別な苦痛を感じることなく続けられるようになっているはずです。勉強だって同じです。

ところがこの習慣化というヤツは、悪いことにも当てはまるから厄介です。例えば週2回の朝練を3週間続けたが、次の週は風邪気味で休んだ。その次の練習日もすっきりせずに出なかった。その次の朝練のときには治っていたのだけれど、「大事を取って、今日は休んでおこう」と自分で自分に言い訳して、出ていかなかった。こうなるとその次も出にくくなります。で、ずるずると休み、部活もやめてしまう、ということになりやすい。

さすがに「これじゃいけない」ということで、心機一転、別の部に入り、最初は一生懸命練習に励んだ。けれどちょっとしたケガが原因で、同じことをしてしまう。お母さんも「身体が大事だからね」という理由でそれを認めてしまう。結果、二つの部とも中途半端で辞めてしまいます。こうなると「中途半端が習慣化」してしまう。勉強もやったりやらなかったりになります。

こういう忍耐力のない子になったのは、幼児のとき親御さんが甘やかしてしまった結果であることが多い。そうだと仮定して、では中学生にはどう指導すればいいのでしょうか。やはりなにかにチャレンジさせることですね。部活でもいいけれど、むしろ個人的になにかを習わせてはどうでしょうか。楽器、ダンス、書道などなど。ボクが思うに、あまり人がやらないことが面白い。ライバルが少ないから、同年代の上手な人と自分を比べなくて済む。つまり自尊心が傷つかないのです。これは大事なことです。

ヘタレの子の大部分は自己肯定感が低い。自己肯定感とは「自分のあり方を積極的に評価できる感情、自らの価値や存在意義を肯定できる感情」を意味します。だから自己肯定感が高い子は「自分は価値ある存在である」と感じている。これに対し低い子は「自分はダメだ」とか、「どうせ私なんか…」と感じているので、学習やスポーツに意欲がわかない。やったとしてもイヤイヤなので、成績は上がらない。それでまた自信をなくし、自己肯定感を低くしてしまう。こういう悪い循環になってしまうのです。

うちの生徒に引っ込み思案で「私なんか…」と、ちょっとスネ加減の女の子がいました。「どうしたらいいでしょう」と相談に来たお母さんにボクは彼女が得意なことを尋ねました。「恥ずかしがり屋だからあまり人前で披露しないけど、歌はうまいんです」という。考えたボクは、彼女に詩吟を習わせました。「詩吟なんて古臭くていやだ」と彼女も思ったでしょうが、自分の意志を表明するタイプではないので、「先生がいうんじゃしょうがない」と、行き始めた。詩吟の先生にとっては若い人は珍しいうえ、筋もいいので、親切に教えてくれます。それで自信がついた。発表会にも出て、みんなに褒められました。そのころから顔つきが違ってきたのです。物言いもハキハキとしてきました。むろん成績もじわじわ上がってきた。そして最初はとても無理だと思えた高校にパスしたのです。

ボクがいいたいのは「自信を持てば忍耐力がつく。忍耐力がつけば〝中途半端症候群〟とサヨナラできて、なにかを成し遂げることができる」ということです。なにかを成し遂げられれば、その子の意識が前向きに変わる。つまりプラスの循環が実現するのです。

▼超傷つきやすい子ども・若者に対する親御さんの接し方

メンタルが弱い子ども・若者の多くが繊細な神経の持ち主です。繊細な神経や豊かな感受性は、ふつうであれば細やかな心遣い、優しい態度、芸術的で美しい表現といった良い方面に出るのですが、それが過ぎると問題を生じます。他の人から見たら、まったく気にならないほんの些細なことで、すぐに傷ついてしまうからです。傷つくのは本人限りのことですが、あまりに傷つきやすいと、周りに影響を与えてしまう。それで周囲もまいてあます。そのことがまた彼や彼女を傷つける。そういう底なし沼に落ち込む危険性があります。こうした子は今風にいえば〝超傷つきやすい子どもや若者〟ということになります。ここでは彼らに対して、どう接していくべきかを考えてみましょう。

うちの塾にも、かつてそういう女子生徒がいました。ちょっと注意すると黙ってうつむいてしまう。もう少しいうと涙が出てくる。別に叱り飛ばしたわけじゃない。「今度の英語のテストでいい点取るつもりなら、もうちょっと真剣にやろうな」くらいのことです。しかもこの生徒、ふだんから沈んでいるかというとそうではない。調子のいい時はやたらにはしゃいでいる。ところが少し注意すると、とたんにシュンとなって、やがては涙というのですから、こちらも最初はビックリする。そのうち傷つき方がひどいだけなのだ、ということがわかってきたのですが…。

そこでどうしてそんなに傷つきやすい子になってしまったのかを分析してみると、行きつくのが例によって、幼児期の親御さんの育て方です。ひと言でいえば過保護。「そんなことをさせちゃ、かわいそう」「ネガティブな経験をさせるといじけてしまうから、そういうことのないようにする」というような気遣いが、傷つきやす過ぎる、いい換えれば心の弱い子を育てる結果になってしまった、ということでしょう。

人は人にいわれたこと、人が自分に対してとった行動に傷つく。それは、そういわれたこと、そういうことをされたことが、その子にとって想定外だったからです。だから最初は「エッ」とびっくりする。そして「なんでこの人(先生、友だち、親)はこんなことをいう(する)のだろう?」と感じます。それから「きっとボク(私)が嫌いなんだ」とか「きっとバカにしているんだ」とか、ネガティブな思いを抱く。そしてどうしようもなく傷ついてしまう——のだろうとボクは想像します。

ですが、その子にそういう思いをさせたほうは、親であれ先生であれ友だちであれ、誰も傷つけたなんて思っていない。軽く注意をしたり、ちょっとからかったりしただけのつもりなのです。また周囲の人から見ても、それは厳しい叱責や悪意のある冗談のようには感じられないことです。つまり本人ひとりが、傷ついてネガティブな感情を抱いてしまう。

こういうタイプに「そんな小さなことは気にするな」とか「そんなにクヨクヨするほどのことじゃないでしょ」といっても、効果がありません。彼や彼女は、そんなことをいわれたら気にせずにはいられないし、そんなことをされたら、どうしたってクヨクヨ考えてしまうのです。本人だってどうにもならない。

中学生になってからこれを矯正しようとするのは大変ですが、それはどうしてもしておく必要がある。そうでないとこの子は一生、暗い人生を送らなくてはなりません。度を越して傷つきやすい子になったのは、幼いときに人の間でもまれることなく育ったからです。ならば今からでも、人にもまれる経験を積むしか、治す道はない。とはいっても、いきなりスポーツの部活などに入れたら、それこそ荒っぽい雰囲気にのまれて委縮してしまうでしょう。もし新しい人間関係をつくるのなら、自由な雰囲気の、規制の緩やかなグループに入って、徐々に人と接する機会を増やしていくのがいいのではないでしょうか。

一番いいのは、同じようなタイプだけどもう少し積極的なところのある子と親しくなることです。あちらも同じような性格なので、ほかの子よりもずっと傷つきやすい子を理解してくれます。その子と親しくなって、だんだん自分のことを話せるようになったら、新しい世界が拓けてくるはずです。そのうち友だちも増えてくる。今までのように孤独な世界から脱出できていくでしょう。そのときに学んでほしいのは、せっかくできた友だちに甘えないことです。依存したら、できた友だちは離れていくでしょうから。

では親御さんとしてはどうすればいいのでしょうか。簡単にいえば早く「子離れ」することです。なにかと世話を焼くのをやめるのが一番です。親子の世界に閉じ込めるのではなく、子どもは子どもの世界に解き放ってあげることです。そうしないと、いつまでも「傷つきやすい病」は治らず、つらい人生を送らなくてはなりません。傷つきやすい子についてボクが懸念するのは、そのままでいると今も、将来もつらくなるからです。今つらいというのは、こういう子は感情的になったり、すぐに泣いたりするので、いじめの対象になりやすい、という意味です。将来はいうまでもなく、仕事人としてうまくやっていけない、ということです。少し叱られたくらいでめそめそしたのでは、仕事にならない。だから職場の人たちからあきれられてしまいます。どうか子どもの将来のために、傷つきやす過ぎると思ったら、今日からでも手を打ってください。

▼不安と恐怖にさいなまれる子ども・若者たち

ここまで書いてきた子ども・若者たちのメンタルの弱さは、実は誰もがある程度は持っているものです。だから多少傷つきやすくても、反応が少しばかり鈍くても、それほど気にしなくていいのです。でもこれから申し上げる不安と恐怖については、少し注意が必要です。

むろん不安といい、恐怖（感）といい、誰もが程度の差こそあれ持っています。不安も恐怖もまったくない——という人はそれこそ少しおかしい。大の大人、それもお金持ちで社会的地位のある人だって、将来への不安はあるし、死に対する恐怖感は持っています。まして10代の少年少女は、つねに不安と恐怖にさいなまれている、といっていいほどです。

一般に不安は漠然としたものを対象とし、恐怖は対象が具体的であるとされています。不安は「なにかよくないことが起きるのじゃないか」とか、「いやなことがあるのではないか」というような暗い感情です。一方恐怖は人に対するものだったり、動物に対するものだったりします。ここでは不安と恐怖の代表例として、対人恐怖を取り上げてみましょう。

中学生のA君は、ある日国語の時間に先生に指名されて教科書を読んだのですが、簡単な漢字が読めず、立ち往生してしまいました。苦し紛れに読んだ読み方はあまりにも奇妙だったので、教室中が笑いであふれてしまった。以来A君は、みんなの前で発表するとか、歌うとかになると、脂汗が出てしどろもどろになってしまうことが多くなったのです。そうなると、人と接するのにいつも不安を感じるようになる。話すとか、歌うだけでなく、運動会でみんなの前で走るのも苦痛になります。それが高じて、親しくない人とは話せなくなり、対人恐怖症になってしまったのです。

こうなると精神医学でいう「社会不安障害」の可能性が出てきます。ここでお断りしておきますが、本書に出てくるさまざまな子ども・若者のメンタルの弱さは、それが限度を超えると病気として考えなくてはならない場合があります。その境目はとても微妙で、ボクなどの判断できることではありません。「これはもしかしたら?」と思えるようなら、すぐに医師など専門家に相談してください。今述べた対人恐怖でも、それを自覚している人は、10人が集まればひとりや二人はいるはずです。そのレベルなら病気ではありません。ただ「人と接するのが苦手」ということに過ぎません。

しかし病気の域に達しているのなら、その子への態度には細心の注意が必要です。人が怖いのに、「なんでそんなに怖がるんだ。もっと積極的に行動しろ」などと、無理やり多くの人の中に放り込む、なんてことをしたら大変です。その子の人格を破壊してしまう。だからできるだけ早期にそういう精神的な弱さを知り、それに対して適切な対応をすることです。

今の対人恐怖も、それほどでもない段階なら、いろいろな対応が考えられる。ただそうするためには、親御さんがつねに注意深く子どもを見つめていなくてはなりません。対人恐怖を感じている子は、そのほとんどが恥ずかしがり屋です。恥ずかしがり屋の子は、「ぼく、人と話すのが恥ずかしいんだけどどうしよう」などと親に相談することは絶対にありません。なぜならそんな恥ずかしいこと、できないからです。だからその子のそういう精神的な傾向を親のほうで察するしかないのです。

でもここからが難しいのですが、察したからといって、すぐに「○○ちゃんは、人と話すのが嫌なんじゃない？」などと、彼や彼女が気にしていることを指摘してはいけない。そうすると黙って部屋に入ってしまうか、「うるさいなぁ」と無視するだけです。では親はどうするか？　黙って見守っているのです。そして徐々に徐々に、人と自然に話せるような機会をつくってあげるのです。例えばお母さんが入っているコーラスのサークルの発表会に連れて行って、仲間に紹介するとか。でも子どもがあまり嫌うようなら、無理強いしないでください。もし少しでも興味を持ったら、そしてそのサークルに少年少女のメンバーがいるようなら、子どもに入会を勧めてみてはどうでしょうか。

こういう子は繊細な神経をしているので、お母さんがしようとしていることなど、とっくに察しているし、それに感謝もしています。でもそんなこと、口に出せないのです。だからお母さんのほうでも察してあげて、ごく自然にその仲間に入れてもらえるように運ぶことです。仲間に入ってしばらくすれば、その子から笑顔がこぼれることになるはずです。

こういう役目は本当はお母さんより、友だちのほうがいいのです。もしその子になんでも話せる友だちがいたら、きっと力になってくれるに違いない。でもその場合は、子どもは友だちのことなど親に話さないでしょう。そして自然に人と接することができるようになっていくでしょう。それが理想なのです。

実は子どもがそんな自分の姿、彼や彼女からしたら恥ずかしい自分の姿を見せるのは、その覚悟を決めた上で、赤の他人に対してです。これは大人だってそうなのですが…。そこにカウンセラーの価値があります。子どもの場合、彼らは学校の先生には絶対といっていいくらい打ち明けないでしょう。でも塾の教師になら違うかもしれません。ボクはよくそういう相談を塾生から受けましたから。そういうとき、むろんボクはそのことを親御さんにも話しません。だからこそ、生徒はボクを信頼してくれるのです。

▼キレやすい子だって、好きでキレているわけじゃない

子ども・若者の弱さのさまざまな形を見てきましたが、その根っこは同じであるような気がします。そうなってしまった原因を考えていくと、親の愛情の表し方の間違い（過保護、過度の期待など）に行き着くような気がしてなりません。愛情が不足していたというケースもあるでしょうが、今はそれについては考えません。

このごろ、いわゆる「キレる」、「キレやすい」子ども・若者が多いとされていますよね。いや、大人だってそういう人が多くなっているらしい。たしかに誰でも、自分の周囲にひとりや二人の〝キレやすい人〟がいるはずです。そういう人とは、表面上はふつうに付き合いますが、できれば親しくなりたくはないですね。逆にいえばキレやすい人は、かわいそうにみんなから敬遠されてしまうわけです。もしわが子がそうだったらどうしますか？

まさか、敬遠するわけにはいかない。でも毎日一緒にいると、子どものキレる態度にはアタマにくる。といって厳しく注意すれば、ますますキレて暴力沙汰にも及びかねない。悩んでいるうちに部屋にこもってしまう。それが度重なって、引きこもりになる。そんな

プロセスは珍しくないのではないでしょうか。

このようなキレやすい子どもといえども、元々短気なわけでも攻撃的なわけでもない。不安でいっぱいだから、そうなってしまうのです。なぜ不安になるのか、その原因はいくつかあるでしょう。第一に考えられるのは、今の子は、注意されたり叱られたりする経験に乏しいので、そうされると、自分を丸ごと否定されたように感じて、自分に自信が持てず不安になる。その反動で過剰に自分を守ろうとします。そしてキレるという行動に走ってしまう。次に思い浮かぶのは、自分でなにかを決定しなくてはならなくなるとものすごく不安になる、というケース。だから過剰防衛してしまうのです。中学生になると、そういう場面に多く出くわすので、キレてしまう。それも友だちや先生にはそうできず、家族、特に母親に対してキレることが多いと思われます。

もうひとつは、自身が暴力を振るわれた経験がある場合です。その恐怖感は強烈ですから、その影響を受け、つい自分も暴力を振るってしまうのです。

いずれにしろ、子ども自身は、キレたくてキレているわけじゃない。そして小さいときに親御さんが愛情いっぱいに、かつ十分に自立心が持てるように育てていれば、ふつうの場合キレる子にはならないはずです。もちろんキレやすい子の親御さんだって「自分たちはそうしている」とお考えでしょう。いや、これ以上ないほど愛情いっぱいに育ててきた、と自負しているかもしれない。でもそのあふれるほどの愛情が、結果として彼や彼女をスポイルしてしまうことになってはいなかったか？　わが子を思うあまり、彼らを守ろうとしすぎた結果、ということはないだろうか？　もしそうなら、子どもを無菌室に入れて育ててしまったようなものです。だから彼らは、ちょっと変なもの（親や先生からの注意、友だちのからかいなど）に遭遇すると、過剰に反応する。ハリネズミみたいになる。そしてキレる。そういう中高生のお子さんをふつうの状態にするのは、一朝一夕でできることではないと思います。とにかく親としてできることから始めましょう。

まずチェックしたいのが子どもの食べ物。キレやすい子どもの親御さんは、メンタル面ばかりを意識するので、つい身体のことを忘れてしまいがちですが、身体が心に与える影響は大変なものなのです。特に身体をつくる食事には注意が必要。毎朝ちゃんと食事をとること、バランスの良い食事をさせることを忘れてはいけません。ジャンクフードの摂り過ぎや甘いものの過度の摂取は、育ち盛りの子の脳に悪い影響を与えるそうです。もしかしたら偏った食事が、子どものキレやすい心の原因かもしれません。このあたり、専門家の意見を聞くなり、本を読むなりして、今日からでも改善してはどうでしょうか。

またネットやゲーム、スマホのやり過ぎが脳に悪い影響を与えるという学者もいます。ボクは学者じゃないですが、このことは実感としてわかります。ゲームばかりしている子は、塾に来てもぼーっとしていることが多い。自分が本来持っているべき物事への関心や情熱が全部ゲームに吸い取られているのではないでしょうか。その結果、当然成績は下降し、友だち関係も悪くなる。親子の間がぎすぎすして、学校でも家庭でも自分の思う通りに物事が運ばない。イライラしてキレる——ということになります。今の時代、こうしたＩＴツールを禁止するのは不可能でしょうが、限度はきっちり設けるべきです。

そして親としては、とにかく子どもにいいたいことをいわせること。最初はろくに口もきかないでしょうが、辛抱強く、対等の立場で「どうしたの?」と問いかけることです。間違っても親の権威を振りかざしたり、「なんで勉強しないの?」とか「もっときちんとしなさい」とか、正しいことをいわないことです。子どもは自分のしていることが間違っていて、親のいうことが正しいことなど、十分に知っています。それをこと改めて指摘されると、どうしようもなくなって、キレるしかない。そうではなく、本当に子どものことを気にかけていること、子どもがなにをいいたいのかを知ろうとしている——という親の姿勢を、子どもにわかってもらうことです。まずそこから始めるしかないとボクは思います。

第4章

いじめをなくすのは現実に無理でもなくそうと努力しなくてはなりません

前にいくつかの箇所で、「いじめについては後で書く」と述べましたので、書いてみますが、これは楽しい作業ではありません。先に述べたようにボクは「いじめは日本の宿痾《しゅくあ》である」と思っています。宿痾とは、長い間治らない病気、持病という意味です。日本には大昔からどんな土地、どんな社会にもいじめが存在し、われわれの先祖をおおいに苦しめてきました。いじめは日本人の持って生まれた病気である、としか考えようがない。

昔の、といってもついこの前まで、日本の農村には村八分がありました。江戸時代、町人の子は12歳くらいになると商店などに奉公に出されましたが、そこでは先輩たちによるいじめがつきものでした。それに耐えるのが、一人前になるための修行とされていました。江戸時代の大事件、赤穂の浪人たちの吉良上野介への報復は、その原因がいじめにありました。また女性は嫁に行けば、多くの場合、姑の意地悪に耐えなければなりませんでした。そして戦前まで、男は徴兵で軍隊に入隊しなければならず、初年兵にはすさまじいまでのいじめが待っていました。まさに日本人の人生は、いじめとともにあったのです。

こうしたいじめという悪しき伝統は、現在までも連綿と受け継がれ、しかも悪質化という点で進化しているように思えます。特にこの20年ほど、小中学校でのいじめが横行し、いじめにあった子が自殺する事件が相次いでいます。その風潮は、大人の世界にも及んでいるほどです。これをなんとかしなくては、わが国の未来は暗いといわざるを得ません。

ボクの考えでは、いじめほど卑劣な行いはなく、いじめほど人の心を蝕む行為はない。もっといえば、いじめは犯罪です。人が嫌がることを実に的確に察知し、それをターゲットに正確に、しかも絶妙のタイミングでぶつける。つまり実に陰湿で優れた戦略性を持つ複雑な攻撃的行為です。だからこそいじめは殲滅されなければなりません。

ではありますが、ことはそう単純ではない。いじめを語る者はまず、己の胸に問い直す必要があります。「お前は、いじめをしたことがないといい切れるのか？　人をいじめて快感を覚えたことはないのか？」と。ボクの場合、そう問い詰められたら残念ながら、下を向いて唇をかむしかない。

中学時代ボクは、身体が大きく勉強もスポーツも結構できて、リーダー的存在でした。文化祭では中心になって劇を上演しましたが、その際、多くの生徒を自分に従わせ、横暴に振る舞っていました。特定の生徒を執拗にいじめたわけではないが、たくさんの生徒に嫌な思いをさせたでしょう。一方でいじめられたこともあり、それについては前に書きました。ボクらの中高時代のいじめは、今と比べてかなり単純ではあったでしょうが、それでもボクはいじめる側、いじめられる側の両方を経験しています。その経験をベースにいえば、たしかにいじめるのは快感であったし、いじめられるのは恐怖でありました。そのいじめる側の快感こそ、いじめを考える場合のカギであるとボクは思います。人が好んでする行為には、それが良いことであれ悪いことであれ、必ず快感が伴っているからです。

良いことでいえば勉強もボランティア活動も、素晴らしい快感をもたらしてくれます。一方で酒も博打も、もっといえば盗みも、快感があるに違いない。それが野放しにならないのは、人が制御するからです。

正直にいえばボクは、「いじめはなくならない」と思っている、というより確信しています。それは今いうように、いじめに快感が伴うからです。でもだからこそ、「いじめはなくそう」とみんなで努力しなくてはなりません。それは特定の人間の快感のために、特定の人間が恐怖し、人間性が破壊されることは断じて許されないからです。そして国民全部がそういういじめを憎むようにならなくてはならない。そんなスケールの大きなことが、一朝一夕にできるはずがないのですが、それでもまずボクなりあなたなりが所属している集団から、いじめを憎む文化を育んでいく必要があります。

いじめは90％が集団内でのできごとです。集団内で暗黙のうちに決められているルールや規律を守らなかったり逸脱した者に対して、いじめという行為がなされます。それを行うには必ずリーダーがいて、またそのリーダーに追随する何人かのメンバーがいます。そして結局は集団のほとんどのメンバーが、加害者側に加わります。

ではいじめられるのが嫌だったら、集団を抜け出せばいいではないか？　多くの人はそう思うが、そうはいかないのがいじめの複雑さです。子ども・若者の社会でのいじめは、ほとんどが学校内の小集団内で行われるので、その小集団を抜け出すためには、学校そのものを抜け出すしかない。いじめられる側はそう思います。そして学校に行かなくなる。引きこもり、不登校に至るわけです。

ならばなぜ、いじめられる生徒たちは、先生に訴えないのか？　多くの報道によれば、生徒は学校・先生を信用していないので、訴えないのです。また訴えたにしろ、学校も先生も適切な対応をしてくれない、と思っています。そのことを含め、これからいじめのいろいろな側面を見ていきましょう。

▼あまりにも複雑な構造になっている、今のいじめ

ボクと妻は30数年、小さな学習塾をやってきました。その間、塾内でいじめがあったとはまったく思っていません。少ないときは生徒が5人くらいしかいなかった小規模塾ですから、いじめがあればすぐわかります。ということはボク自身、いじめに関してはそれほど詳しくないわけで、むろん専門家（そういう人がいるならば）ではない。だから今書いているのは、さまざまな資料と、塾生から聞いた今学校で行われているいじめについての情報に基づいています。それでも長年、中高生を相手にしてきたのですから、いじめについて多少のことを書く資格はあると思っています。

そのボクから見て、今のいじめは、実に複雑化しています。いじめはいじめなので本質は変わらないのですが、その形態というかスタイルが、一筋縄ではいかなくなっています。20年ほど前でしたら、いじめる悪い子がいて、おとなしく内気で繊細な子、あるいは少し反応の鈍い子がいじめられる――というのが一般的な図式でした。いじめるきっかけも、単に生意気だとか、動作が鈍いとか、勉強ができないとかの、いじめっ子から見れば「い

じめられてしかるべき理由」があったのです。それは無関係な大人からも想像がつく理由でした。でも今は様相が違います。

今のいじめは、暴力、金銭の要求、つるし上げという形をとることもありますが、多くのケースで「仲間外れ」が一般的な手段です。自分たちのグループに入れない、あるいは無視する、彼らの言葉でいえば「シカト」する。クラスで誰も口をきかなくなり、なにをいっても返事が返ってこない。むろんそれだけでなく、所有物を隠されたり、汚されたり、からかわれたりという古典的（？）いじめ手段も併用されます。精神的に追い詰めるのが、主な目的です。みんなでそうしては、ターゲットの困った様子を冷笑するわけです。

そのターゲットも、以前ならいじめられる子のタイプがありましたが、今は誰がいつターゲットにされるかわかりません。前は、勉強のできる子、運動が得意な子は、いじめの対象にはされませんでした。しかし今は、勉強ができる、運動がうまい——という理由でいじめられるというのですから、訳がわからない。つまり、目立てばいじめの対象にされる。だからみんな、いかに目立たないようにするかに神経を使います。実にバカげたことだけれど、これが現実らしい。

だから多くの中高生は、正規分布のグラフでいえば左右の数が少ない部分（成績の分布ならばとてもできる層とできない層）ではなく、まん中の山形の大勢がいるふつうの出来の層に入りたがっているのです。実は先日うちの塾生で、高専（高等専門学校）を目指している子に、「もっとしっかりやって、トップの成績で入学するくらいの気持ちで勉強しろよ」とハッパをかけたのですが、「先生、ボクは全合格者の中間くらいの成績で受かりたいのです」と返されてしまいました。これにはボクも唖然としたのですが、それほど目立ちたくないという希望（？）が蔓延しているのです。その理由が「目立てばいじめられる」というのですから、教育者のはしくれとしては、いうべき言葉が見つかりません。

そして今は事態がさらに複雑になっています。ＩＴ関連機器の発達による新しいいじめの形態の登場です。15年ほど前からパソコンが急速に普及し、同時にネットを使ったいじめ、いわゆるネットいじめが広く知られるようになりました。その延長上で、今、全盛を極めているのが、スマホでのＬＩＮＥ利用によるいじめです。うちの塾生もほとんどがスマホを持っていて、ＬＩＮＥを利用しています。であれば、誰がいつＬＩＮＥでのいじめに遭っても不思議じゃない。

ＬＩＮＥはグループで使われますから、子どもたちの多くはクラスのグループ、仲の良い友だちのグループなど、いくつものＬＩＮＥのグループに加入しています。だからＬＩＮＥでのいじめは、そのグループから退会させたり、仲間外れにしたりという形で行われます。グループのみんなに同じメッセージが来ているのに、その子にだけは来ない。あるいは、その子が発したメッセージに対して誰も返事しないなど。

なので今の子たちは、しょっちゅうＬＩＮＥを見ていなければなりません。友だちの動向、彼らが今どう動こうとしているのかを、いつも敏感なアンテナを立てて把握しようとしています。そして仲間外れにされないように、かつ目立たないように振る舞う。なんと面倒くさく、楽しくないことよ、とボクは思ってしまいます。

そしてこの仲間外れにされるターゲットは、くるくる変わるのです。今日はＡ君がいじめのリーダーだったけど、明日になればそのリーダーはＢ君に代わっていて、Ａ君がいじめのターゲットになっているかもしれない。そういう下剋上が始終行われているそうです。その意味で今の子どもたちは、いじめの戦国時代を生きているのです。

こういう現実の前でボクなどは、正直、どうコメントしていいかわかりません。なにしろ子どもたちは、こといじめに関しては大人になにもしゃべらないのですから。それほどいじめは、彼らの心の中にまがまがしい形で大きく存在しているのです。とすればいじめ対策は、今、日本中の人が取り組まなくてはならない、緊急課題だと思います。

▼いじめ対策は、ともかく強くなることしかない

今、ざっと見ただけでもいじめにはいろいろな種類がありますが、実際にはもっと複雑でさまざまな手口があるようです。ボクはいじめに詳しいわけではないので、それを詳述することはできませんが、親御さんたちに力説したいのは、いじめは大人たちが考えるほど単純ではないということです。だから対策も、本当は個々別々に、そのケースに応じてなされるべきです。「こうすればいじめをやめさせられる」という方法は、残念ながら存在しません。

そして、いじめに遭わないためにどうすればいいかについて、ボクがいえるのは「強くなれよ！」という一言しかない。そのためにこの本を書いたようなものです。前に、「今は勉強のできる子も、運動のできる子もいじめのターゲットになり得る」と書きましたね。彼らはいってみれば〝強い子〟です。それでもターゲットになるなら、強くなってもしょうがないじゃないか——とお考えかもしれないが、それは違います。いじめる子は、本当は弱いからいじめているのです。誰かをいじめなくては、集団で自分の存在価値を誇示できないからです。強ければ、そんなことをする必要はない。

つまり、いじめる子は本来的に強い子を苦手とします。今、たまたま強い子がターゲットになったとしても、そのいじめ期間はごく短いでしょう。強い子をいじめてもし反撃されたら、いじめっ子のメンツがつぶれるからです。また強い子は、いじめに遭ったときの態度が弱い子のように、いじめリーダーの思う通りにならないからです。おどおどしないし、いつ反発するかわからない。いじめていても楽しくないのです。だから強い子にならなくてはいけない、とボクは思います。

それから、いじめについてはいくつかの誤解がされているように思うので、それらを指摘しておきます。いじめが事件化されるたびに、学校側の対策の不十分さや、担任教師の無能・無責任がやり玉にあがります。むろん、マスコミの指摘通りのケースも多々あるでしょう。学校というところは本質的に官僚的であり（公立なら教師は公務員です）、事なかれ主義が血肉化している組織ですから。それを生徒たちは肌で知っているから、いじめがあったって先生にチクりはしないのです。教師にいったからといって、効果が期待できるものではないからです。

しかし、そういう見方は、先生と学校側には気の毒な場合が多い。まずボクが思うに、担任教師が生徒のいじめを察することなど、不可能に近い。あまり共感していない教師に、生徒たちがなんでも打ち明けるなんてあり得ないからです。仮にあなたが生徒でいじめられたとして、先生にいいますか? ボクならいいませんね。でもそれは先生のせいじゃない。学校という組織がそうさせているのです。また小規模塾の経営者としては、30数人もの生徒を1年くらい担任したって、その生徒たちを理解できるはずがない、と思います。ましてや先生から見ても、生徒たちは自分を信頼していないのですよ。だからすべてを担任と学校のせいにしても、なにも改善しないでしょうね。といってこのままでいいわけじゃないのですが、それは政治がらみのスケールの大きな問題で、ボクの手には余ります。

次の誤解は、いじめられる子にも、そうされる理由があった——とする見方です。これはまったく違う。いじめについては、加害者が一方的に悪い——というのがボクの意見です。前に述べたように、「いじめは犯罪だ」とボクは思っていますので…。仮に百歩譲って、いじめられる子にもなにか理由があったとしましょう。それでもいじめてはいけない。いいたいことがあれば口でしっかりと「これこれで君の態度は良くない」といえばいい。それを態度や言葉遣いが気に入らないからといっていじめるのは、卑劣以外のなにものでもない。この点については、いつでも議論に応じるつもりです。

もうひとつ、「子どもの問題について、親が口を出すな」という意見があります。幼児の間の単純なケンカなら、その通りです。しかしいじめについては違う。子どもはいいたがらないでしょうが、なんとか真相を話させることです。そして学校に、きちんと報告すべきです。それからの学校側とのやり取りについて、ボクはいう資格がないので触れません。とにかくいじめについては親が乗り出したほうがいい。それが悲劇を生まない、最良の方法だとボクは思っています。

前記のことと関連しますが、もしわが子がいじめる側だったらどうするか？　これも深刻な問題です。この場合も親は即座に行動しなければなりません。まず真相をつかむことです。そして正面から子どもと向き合って、厳しく叱責することです。いじめがいかに恥ずべき行為かをわからせなくてはなりません。この場合は間違っても、「お前は悪くないんだろ？」というニュアンスを匂わせてはいけません。この場合こそ、親が心から子を叱るべきときです。そしていじめた子に謝るよう、きつくいってください。またその結果の報告も、必ず受けるようにしましょう。ここでなにもせずにいることは、子どもの心を真っすぐにする機会を失うことを意味します。このことはどうか実行してください。

いじめについてボクが書けるのは以上です。それにしてもこの問題は、日本人全員が真剣に取り組まないと、大変なことになるような気がしてなりません。

第5章
メンタルが弱いと一番心配なのはコミュニケーション力がつかないことです

メンタルの弱い子・若者の共通点はなんでしょうか？　いつも不安にさいなまれていて、傷つきやすく、勇気がない――そういう子は、人とコミュニケーションを取るのがとても苦手です。そんな少年少女たちは、いつもおびえています。なににおびえているのかというと、人に対してです。彼らは他人と接するのがイヤでしかたがない。場合によっては親に対してもそうなります。当然コミュニケーションなんて取れるわけがない。それが彼らに共通する、困った点なのです。なぜなら、社会で生きていくには、コミュニケーション能力が絶対的に必要だからです。もちろん彼らは、そういう自分の欠点をいやというほど自覚しているし、直したいと思っていますが、自分の力ではどうにもならないのです。

まず、コミュニケーションという言葉から考えてみましょう。今、「コミュニケーション」なる言葉はやたらに使われますが、それが本当に意味するのはどういうことなのでしょうか。以下の藤原和博氏の指摘は説得力があると思います。「コミュニケーション

（communication）」という言葉はラテン語の「コミュナス（communus）」から来ていて、この「コミュ」というのは「コミュニティー」「コミューン」「コミュニズム」などの言葉の接頭語である。そして「コミュ」は、すべて「共有する」という意味を含んでいる、というのです。だから藤原氏によれば、コミュニケーションは次のように解釈できるのだそうです。

「コミュニケーションとは、こちらの脳にあるイメージを相手の脳に伝達すればいいということ――いわゆる「説明」（explanation）ではなくて、自分の脳にあるイメージと相手の脳にあるイメージを〝共有する〟ということなのである。自分が思うことを一方的に相手に伝えるだけではコミュニケーションとは言えない。自分と相手との間に共有点を見つけ出し、共有したことをアイデアとして浮かび上がらせることによって、コミュニケーションは相乗的に深まっていくのだ。」（『社長の【よのなか】科　つなげる力3分講座』より）。

ボクは、この〝相乗的〟というのがとても大事だと思います。つまりコミュニケーションは、単なる意志の伝達や情報のやり取りではなく、双方の言葉や態度、表情などを含めた「思い」の交換から、相乗的になにかを共有する、いい換えれば創りあげていくことではないでしょうか。このように解釈すれば、人が生きていくうえでコミュニケーションがいかに大事かわかりますし、その能力が欠けている、あるいは不足していると、人生そのものが成り立たないということも理解できます。

本書でここまであげてきたいろいろな弱点を持った子ども・若者はすごく多いでしょう。今、急にそれらの弱いところを完全に是正しようとしても、それは無理というものです。しばしば述べてきたように、そうした弱点は幼児期からの育てられ方によって身についてしまったものが多く、その子の第二の天性になってしまっているからです。でも徐々に時間をかけて親子で努力していけば、それらを克服することは可能だとボクは考えています。

ボクがいいたいのは、そうした弱点を今より少しでも少なくしていって、まずは「人とある程度のコミュニケーションが取れるレベル」まで持っていくのを目指そうではないか、ということです。なぜならコミュニケーション能力こそ、これから少年少女たちが世の中で生きていくうえで、なにより必要なものだと思うからです。そしてこの能力は、ある程度身につけることができれば、後は本人の努力次第でどんどん伸びていくものだと思うからです。

例をあげましょう。あるご夫婦が、女子中学生、K子さんを連れてうちの塾に来ました。塾に入りたいのですが、K子さんは大人の男の人と話せない、というのです。小学校1年生のとき、お父さんが会社で配置転換になり、彼はプレッシャーに耐えかねて毎晩遅く帰って来てはお母さんを怒鳴りつけたのだそうです。K子さんはとても怖がり、ついにはお父さんを見ると逃げるようになりました。１年ほどしてお父さんは元の通りの良い夫に戻ったのですが、Ｋ子さんはお父さんとは口をきかなくなりました。以来中学生になった今でも、お父さんとは話さないのです。ただし、お父さんと食事をしたりはします。そういうことから、彼女は大人の男性ともほとんど話せなくなったのだとか。

ボクはＫ子さんを入塾させ、英語を教えつつ、冗談ばかりいいました。彼女は最初、教科書を読ませても蚊の鳴くような声でしか読めませんでしたが、ボクは根気よく励ましながら、「大きな声で読んでも、小さな声で読んでも、意味に変わりはないんだから、どうせなら大きな声で読みなさい」といい続け、またおバカな冗談も飛ばし続けました。２ヵ月ほどしたある日、彼女はボクのくだらないジョークに「フフフ」と笑いました。以来、少しずつですが会話が交わせるようになったのです。

つまり完全ではないが、ある程度のコミュニケーションが取れるレベルにまでは回復したわけで、今後はもっと改善されていくと、ボクは確信しています。そういう改善のための工夫と努力を親子でし続けていけば、人並みのコミュニケーションは取れるようになるはずです。そうしていくために、なにより親御さんの理解と辛抱強い協力、そして愛情が必要なのはいうまでもありません。

▼まず、〝風通しのいい家庭〟をつくりましょう

コミュニケーションという言葉が英語だからでしょうか、そう口にすると、なにか特別なもののように感じてしまいますが、もちろんそんなことはない。前項でこの言葉を少し難しげに解説しましたが、それは定義をしたからであって、意味としては「ふつうの会話のキャッチボール」と取ってかまわないと思います。だから一般的な家庭では、今さらコミュニケーションなんていわなくても、十分にコミュニケーションが取れているものです。

でも家族のうちのひとりでも話の輪に加わらなくなったり、引きこもったりすると、家庭全体の雰囲気がぎくしゃくして、暗い空気に包まれます。なにかの理由で子どもが話さなくなってしまう場合も、夫婦仲が悪くなってそうなるケースもあるでしょう。そんな家庭のよどんだ空気は、家族全員からエネルギーを奪ってしまうのです。

例えばここに、夫婦がいつもいさかいをして、始終悪口をいい合っている家庭があるとしましょうか。こういう家の子は、多くの場合口数が少なくなり、引っ込み思案で、暗い顔つきになります。なにかあると人の顔色をうかがうようなそぶりをする。いつも緊張関

係にある両親の機嫌を気にしながら、生活しているからです。

また、両親が甘やかした結果、なんでも自分の思う通りになると信じて育った子がいたとしましょうか。この子は家にいるときはよかったのですが、幼稚園に通って他の子と接するようになると、誰も自分のいうことを聞いてくれないばかりか、わがままなので、仲間外れにされてしまいました。そうなると途端に自信がなくなって幼稚園では話さなくなり、やがて行きたがらなくなりました。でも家では、以前にもまして暴君になって、物を投げたり、壊したりするようになったのです。さすがにご両親は気がつき、子どもの行為を叱るようになりましたが、こういう行動はなかなか直らず、家の中の空気も暗くなってしまいました。

どちらの場合も子どもに罪はないのですが、家の中は暗くなる。特に夫婦の仲が悪いのは、ぜひとも改善しなくてはいけない。子どものために、ぜひそうしてもらいたいと思います。どうしてもお互いに嫌だというなら、離婚も視野に入れることになるでしょうが、子どものためには、できるなら避けていただきたいものです。うちの塾でもずいぶん離婚家庭のお子さんを預かりましたが、そういう子はどこかに暗さが残る、という印象があります。

前記のもうひとつの例も、子どもはそうしたくてしているわけじゃない。そうなってしまったわけです。それでもご両親の努力で、いつも家庭内の雰囲気が和気あいあいとしていれば、子どもが一時的に暴君になっても、いつか落ち着くものです。

本書でこれまで述べてきたような弱い子ども・若者たちがそうなってしまったのは、元をただせば親御さんの育て方に問題があった場合が多いのですが、家の中がいつも笑いであふれているような明るい家庭のお子さんは、そうなることが少ないとボクは感じています。一方、夫婦がしっくりいっていなかったり、同居している嫁姑が反発し合っているような家庭は、明るさに欠けています。そうした家庭で育った子は、どうしたって内向的になる。内向的が必ずしも悪いわけではないのですが、それが過ぎると暗くなる。

つまり家の中の雰囲気というものは、子育てがうまくいくかどうかの重要なカギになるのです。夫婦が冗談をいい合って、いつも笑いが絶えないような家庭、明るく、よくお客さんが来るような家庭の子は、知らず知らずのうちに、人とのコミュニケーションの取り方を身につけます。知り合ったばかりの友だちとも相手に合わせながら遊べるし、幼稚園や保育園の先生にもなつきます。そういう子がもしなにかのきっかけがあって、例えば傷つきやすくなって、人見知りをするようになってしまったとしても、家庭がいつも明るく笑いにあふれているなら、いつかその子の心は癒され、元の元気な姿に戻れる可能性が高いのです。そういう統計があるわけじゃないけれど、これはボクの実感です。

　では、そういう明るい家庭って、どんな特徴があるのでしょうか。これもボクの実感ですが、風通しがいい家庭だと思います。風通しがいいとは、家族の間にさわやかな風が吹いているようなムードがあって、誰も遠慮することなく、いいたいことをいい合い、秘密がない家庭です。あ、秘密は実はあっても不思議はないし、特に子どもが思春期になれば、さまざまな秘密を胸に抱くようになりますから、それが悪いというのではない。まあ、常識の範囲で家族みんなが、それぞれのことを知っている、ということです。

　裕福であれ、多少貧しくあれ、そんな家庭なら子どもはのびのびと育つ。むろん中学以降になれば、少しくらいの鬱屈はあるかもしれないが、本質的に素直で真っすぐな子になっているはずです。実はそういう子どもや若者が、一時はピンチに陥ったとしても、そこから再び上昇する力、つまり反発力を持っているものです。この精神的回復力を「レジリエンス」と呼びますが、これについては後で詳述します。よく世間では、「小さいときに苦労して育った子は強い」とする意見がありますが、それは苦労の質によります。大人の顔色をいつもうかがいながら暮らすような苦労なら、断じてする必要はない。そんな経験は、子どもを小利口で抜け目のない人間にするかもしれませんが、それはいいことじゃありません。ぜひとも読者のみなさんは、明るい、風通しのいい家庭を築いてくださいね。

▼友だちづくりがコミュニケーション能力をつける第一歩

前に、今の子たちは目立つといじめられるので、ひたすら目立たないように努力していると書きました。彼らはそうやって高校時代まで過ごすのですが、大学に入り就活を始めると、その感覚をガラッと変えなくてはならなくなります。企業にとって、目立たない社員なんてなんの価値もないからです。積極的で、リーダーシップがあり、かつ協調性もある人材が求められます。つまり優れたコミュニケーション能力が必要とされる。もちろん学生はそれを承知ですから、コミュニケーション能力のアップに懸命になり、大学側もそれなりのサポートをしますが、これまでがこれまでなので、なかなか思うようにいきません。

そしてコミュニケーション能力が要求されるのはビジネスマンにだけではない。コミュニケーション能力がなければ、単純な仕事と思われていることだって、うまくはできません。そういう基本的なコミュニケーション能力さえ、身についていない若者が多いと聞きます。その結果、単純作業のアルバイトでさえ失敗してしまう学生が増えているそうです。

手順などがよくわかっていないのに上司に訊くのが嫌で勝手に作業を進めてしまい、大混乱になるとか、コンビニのレジで間違いを客に指摘されただけでキレて、乱暴な口をきいたとか…。そうなると上司や先輩に叱られますが、なにしろ叱られることに免疫がないから、プッツンしてしまう。そしてすぐ辞めちゃうのだそうです。そういう態度では、どこに行ったってうまくいくわけがない。

ではどうすればコミュニケーション能力が身につくのでしょうか。大学に入ってからでは遅すぎます。親御さんが「この子はコミュニケーションの取り方がうまくないな」と気づいたら、子どものころから練習する必要があります。遅くても中学では、ある程度人とのコミュニケーションに慣れておきたい。その第一歩は、まず友だちをつくることです。その前に親御さんにお願いしたいのは、お子さんがコミュニケーションを取るのが苦手とはいっても、それがあまりに目立つようなら、病気の有無を調べていただきたい。人の気持ちを理解することがまったくできないような場合は、発達障害を疑うべきかもしれませんから。

さて、一般的な意味でコミュニケーションが苦手という場合、そういう子どもにはあまり友だちがいない、という共通点があります。まったく友だちと呼べる存在がいない、という場合も少なくない。これでは、人と話す機会自体がとても少ないので、当然コミュニケーション能力も発達しません。

友だちをつくるもっともいい機会は、中学、高校に入学したときです。たまたま隣の席になった子と、生涯の親友になるケースも稀ではないのです。また部活に入れば、いやでも先輩と口をきかなくてはならないし、同じ1年生同士はすぐに仲良くなって、自然に友だちになります。そして入学して1週間もすると、クラスの中でなんとなく輪ができて、グループが形成され始めます。その中に入れば、これまた自然に友だちができる。さらに1ヵ月もたつと、よくできる子、スポーツのうまい子は頭角を現し始めます。そうした子の周りには自然に人が集まり話しかけるので、彼らには友だちがすぐにできます。

けれど最初の1ヵ月で出遅れると、友だちづくりが結構難しくなる。1ヵ月たっても友だちができないのは、間違いなくコミュニケーションを取るのが苦手な子です。そういう子は、自覚的かどうかは別にして、〝拒否のオーラ〟を出していますから、それがわかる者たちは誰もあまり話しかけない。たまたま誰かが話しかけても、あいまいな返事しかしない。というより、その子のほうではどう話せばいいのかわからないので、口の中でムニュムニュいうしかない。話しかけたほうは面白くないから離れていきます。それだけならいいが、他の友だちに「あの子は、おかしな子だ」と言いふらす。で、この子にはずっと友だちができないまま——ということになるわけです。

そういう状態から脱して本当に友だちをつくりたいのなら（コミュニケーションが苦手な子でも、多くはそう思っているものです）、まず〝拒否のオーラ〟を消さなくてはなりません。そしてあいさつから始めること。あいさつといったって、朝来ていきなり「おはよう」といったのでは、これまでのイメージが狂うから、相手は引いてしまいます。それとなくうなずくくらいで結構。それを「この子とは友だちになってもいいな」と感じている子には、いつもすることです。そうして2週間もすれば、不思議なもので、なんとなく口をきく機会がやって来ます。そうなれば、あとはその子と親しくなっていくだけ。そのうち、その子の友だちとも仲良くなっていく。自然にコミュニケーションの取り方が体得できていきます。

引っ込み思案の子が友だちをつくろうとする場合は、なるべく自分と同じようなタイプを選ぶといい。理想的には逆の性格の子、つまり明るく社交的な子がいいのですが、それはなかなか難しいので、まずは自分と同タイプの子と近しくなりましょう。できれば同じ趣味（音楽とか、鉄道ファンであるとか）を持つ人がいいですね。趣味嗜好ほど人と人とを結びつけるものはないことを、知っておきましょう。

でもこういう動きに親御さんはタッチできませんね。それでいいのです。中学になっても子どものすべてに親御さんが介入するほうが不自然なのですから。

▼カッコよく見せようとしないことが大切

コミュニケーションとは、ペラペラしゃべりまくることだと誤解している人がたまにいます。特に「自分はコミュニケーションを取るのが苦手」だと思っている人ほど、そんな誤解をしやすい。他の人たちが明るく話し合っているのを見て「あんなにペラペラしゃべるのは、自分にはできない」と思ってしまうからです。この点では、子どもも大人もあまり変わらないように思います。でもそれはとんでもない間違いです。

前項で、コミュニケーションを取るのが苦手な子に、まず「友だちをつくることから始めよう」と提案しました。人と話すのが苦手な子にとって、友だちをつくるのはかなり高いハードルがあります。でも努力のかいあって、親しい友人ができたとしましょう。しかしそのまま放っておいたのでは、いつかその友人も消えてしまう可能性がある。せっかくできた友だちとのコミュニケーションはずっと維持していきたいものですが、それにはそれなりのことをする必要があります。その時だけペラペラしゃべりあって、それでおしまいでは、そんなものコミュニケーションとは呼べません。知り合って、話し合って、理解し合って、そして付き合っていく。その中で良きコミュニケーションが育っていくのであって、ペラペラしゃべることなんて、本当のコミュニケーションの必要条件ではありません。

人と人とのコミュニケーションは、なにをベースにできあがるかというと、それは信頼です。信頼なきところに良きコミュニケーションは生まれません。そしてお互いの信頼を支えるのは、「ウソがない」ということです。誰だってウソつきとは親しくなりたくなんかないですからね。それに誠実であることも必要です。お互いにウソをつかず、誠実に付き合うからこそ、良きコミュニケーションが育っていきます。

そしてもうひとつ大事なのは、ウソは論外として、自分を飾って付き合おうとしないことです。これは意図的にウソをつくというよりずっと罪の軽い、悪気のない行為なのですがね。人間は大人も子どもも、調子に乗るとつい自分をよく見せたくなります。中高生の場合は、テストの点を底上げして友だちにいったり、してもいないデートを、さもしたように吹聴する、なんてことでしょうか。まあ、本当のことではないが、そしてウソといえばウソなのだが、悪気のないちょっとした見栄ですよね。しかし、これはよしたほうがいい。いった本人はそれほど悪いことだと思っていませんが、聞かされて信用したほうは、本当のことを知ったとき、いやな気分になるものだからです。

引っ込み思案で内弁慶なくせに、ちょっと口の軽いところのある子って、いますよね。わが子にそういう傾向があると思われる親御さんは、子どもにその点をよく注意しましょう。親が注意しないと、こういうことをきちんと指摘してくれる人はいないと思ったほうがいいからです。前にあげたような、ちょっとした見栄を張った言葉を聞かされ、本当のことを知った友だちは、その子のことを「なんだ、そんなことをいう子なんだ」と軽んじるようになる。自分も本当のことをその子には話さなくなる。そうなるとコミュニケーションは瓦解します。だから、こういうことに親御さんは注意深くなってほしいのです。もし子どもが、そうした見栄を張りがちなら、しっかり、真剣に叱ってください。このことはテストでいい点を取るより、人生上でずっと大きな問題だとボクは思っています。

ウソをつかない、見栄を張らない、カッコよく見せようとしない――つまり自分のありのままの姿を見せるのが、良きコミュニケーションの基本です。自分に弱点があれば、それもそのまま見せる。そうすることで初めて、相手はこちらを信頼してくれるようになります。子どもがそのようなコミュニケーションが取れるようになるために、親御さんの役割は大事です。もし親が見栄っ張りなら、あるいは他人に対して自分を飾ろうとするタイプの人なら、子どもは、そういうことをしてもいいのだと、思ってしまうからです。

例えば、ふだんある人のことを悪くいっておきながら、その人と会ったり電話をしたりするときには、手のひらを返したようにお世辞たらたらの態度を親が取っていると、子どもはそういう行為に不感症になります。自分がそうしても許される、と刷り込まれるわけです。他のことと同じように、子どもにコミュニケーションの取り方を教えようとするなら、まず自分がお手本にならなくてはなりません。そういう意味で、親という商売もなかなか大変なのです。

つまらない見栄を張らないで人とコミュニケーションが取れるようになるための最適の訓練は、スポーツです。スポーツには厳しい練習がつきものです。同じことを何回もやらされてへとへとになる。その練習が終わるころには、誰だって汗みどろで苦し気な顔つきになっています。カッコよく見せようなんて思う余裕もないし、事実カッコ悪い姿をさらさなければならない。それが大事です。そういう姿をお互いに見ているから、スポーツの仲間は生涯の友になることが多いのだとボクは思います。

繰り返しますが自分の本当の姿、ありのままの姿で付き合う――これが良きコミュニケーションづくりの基本です。友人間や先生とのコミュニケーションに限った話ではない。大人になって社会人になってからのコミュニケーションでも、この基本は変わりません。

▼お父さんが教えてほしい、議論のしかたと自己主張のしかた

コミュニケーションの取り方は、女性より男性のほうが上手なのではないでしょうか。理由は社会経験の差です。今の中高生のお母さん方は、その多くが働いた経験をお持ちです。現在働いていらっしゃる方も多いでしょう。ですから相応の社会経験はお持ちなのですが、どうしても修羅場の経験が少ない。それはしかたのないことだと思います。

そこでお父さんにお願いがあります。ぜひお子さんに、社会人になったときでも通用するコミュニケーションの取り方を教えてあげてください。一般的にコミュニケーションというと、人と仲良くする、上手な交際をするというイメージがあります。それは間違いではないけれど、コミュニケーションには激しい議論のやり取りも、人の意見への反発も、強烈な自己主張も、そして引くときは引く妥協も含まれると、ボクは思っています。

仕事というものは、いろいろな立場の人間がひとつの目的のもとに行う、共同作業です。そしていうまでもなく、仕事の種類は多様です。営業マンの仕事とエンジニアの仕事は大きく違います。けれど立場の違い、仕事の内容の違いはあるでしょうが、職場でコミュニ

ケーションが取れなければ仕事にならない、という点は共通しています。

仕事の現場では、激論が飛び交うことも、無理を承知でこちらの主張を押し通そうとする場合もあります。きれいごとでは済まないこともある。日々そういう場にいるお父さんはコミュニケーションのプロといっていい。だからさまざまな角度からのコミュニケーションの取り方を、子どもに教えることができるはずだし、それが今必要だとボクは考えます。

というのは、近ごろの子ども・若者たちは議論がうまくできないからです。前に書いたように、彼らは目立つといじめられるので、教室でもめったに発言しません。加えて今の高校では、入試に役立たないという理由でホームルームもあまりしないし、一時大流行だったディベートも下火のようです。つまり生徒は、議論の訓練がまるでできない環境におかれている。それなのに大学生になって就活となると、いきなりグループディスカッションをやらされる。うまくできないに決まっています。

それなら中学時代から、子どもに議論のしかたを教えたらどうでしょう。議論のしかた、といったって、大げさなことじゃありません。二人であるテーマについて語り合うということでいいのです。身近な時事問題などがいいでしょうね。例えばアメリカの新大統領についてどう思うか、地球温暖化を阻止する方法はあるか、などを語り合えば、お子さんの眼を社会に向けるのにも役立ちます。時事問題が難しければ、スポーツでも芸能界の話題でも構いません。「サッカーのワールドカップに日本は出られるか」でも、「クイズ番組の司会者では誰が一番いいか」でもいいのです。要は議論のコツをつかむことです。

こういうことを今の子は「うざったい」と嫌がるかもしれませんが、根気よく話しかけては語り合うように持っていってください。最初はイヤイヤ相手になっていた（相手をしてくれた）子どもも、そのうちなんとなく気になって、新聞など読みだすかもしれません。そしてときに自分の知識をひけらかしたくなるでしょう。それがチャンスです。お父さんとコミュニケーションが取れるようになれば、だんだん友だちとも話ができるようになっていきます。それにふだんこういう練習をしていると、教室や部活でちょっとした議論がされたときに、雄弁ではなくても自分の意見がいえるようになるはずです。発言すれば、友だちがその子を見る目も違ってきます。軽んじることがなくなる。

実はこれ、ボクの実体験です。20数年前ですが、子育て真っ最中のころ、ボクはよく子どもたちと語り合いました。ときには年がいもなく口角泡を飛ばして論じたし、子どもから「お父さんは古い」とバカにされたりもしたものです。そして今は、こういう議論を塾で実践しています。英語を教えるとき、ボクはよく英字新聞を材料にします。その易しい記事を訳させるだけではなく「これについて君はどう思うの？」と尋ねるのです。最初生徒は戸惑います。英語の勉強とは、正しく訳すことだけだという先入観があるので、記事の内容まで深く考える習慣がない。ましてそれを論じることなど初体験です。訊いてみると、家でも学校でも、あるテーマについて論じ合ったことなどないという。これではコミュニケーション力が備わらないわけです。そういう議論のしかたの初歩の初歩を、ぜひお父さんが子どもに教えてほしいと思います。

もうひとつのお願いは、自己主張ができる子にしてほしいということです。今の子は、正面切って自分の意見を述べることがとても苦手です。たまに自己主張すると、感情的で甘ったれたわがままに過ぎないことが多いのです。そうではなく、こういう理由で、自分はこうしたい、こうするべきだ――という正攻法の自己主張ができるような子になるのが望ましい。それを教えられるのは、お父さんしかいない気がします。こういう点について、批判するわけじゃないが今の学校の先生はあてになりません。というより、彼らは忙し過ぎるので、そういう生徒の精神面の成長まで視野に入れてくれというのは無理なのです。

議論で認められること、正当な自己主張ができることは、子どもにとってこれからの人生で強力な武器になります。子どもにその能力を与えられるのは、お父さんしかいないのです。

▼コミュニケーションのベースはよく聴くこと

「しゃべるのがコミュニケーションではない」と前に述べましたが、ではコミュニケーションが成り立つためのベースとして必要な力はなにか？　これ、おわかりになるでしょうか。実は聴く力なのです。ところがこの〝聴く力〟、ともすれば軽視されがち。多くの人が、「聴く」なんて特別なことでもなんでもなく、誰だって当たり前にできることだと思い込んでいるからです。

でもちょっと考えてみれば、そうではないことが理解できるはず。子どもではなく、立派な大人の話ですが、あなたの周りにも、聴く力が不足していると思いたくなる人が何人かいるのではないですか？　例えば、こちらの話の途中なのに早合点してしかも間違って理解し、いくらいってもそれを改めない人、聴いているようなふりをして、実はなんにも頭の中に入っていなくて、質問してもトンチンカンな返事しかできない人などなど。

ましてコミュニケーション能力が不足している子どもや若者が、聴く力に欠けていても不思議はない。コミュニケーション能力なんて大げさにいわなくても、〝聴く〟ことが、生活していくための基本的な能力であるのは誰だって知っています。なお、この文章の中では、ただ聞くことを「聞く」と書き、注意深く集中して聴くことを「聴く」と書いていきます。

今、この「聴く」大切さが、以前より強く認識されています。その場合、「傾聴力」という表現をすることが多いですね。２０１１年の大震災の際には、被害者の方に、つらかった体験や悲しみを共感を持って聴く、「傾聴ボランティア」の人たちが「聴く」ことで癒しを提供しました。「聴く」のはそれほど大切なことです。

さて、コミュニケーションを取るためには、まず聴かなくてはならない。相手のいうこと、いいたいことを正確に理解しなくては、コミュニケーションが始まらないですからね。逆にいえばこれは、もし〝聴く能力〟（〝聞く能力〟ではない）がないと、その人は人とコミュニケーションがうまく取れず、人間関係が良い形で結べないということを意味します。

その傾聴力が最近の子ども・若者には不足していると、よくいわれます。相手のいうことに集中して耳を傾けられない、ほかのことを考えていて心ここにあらずで、まったくの馬耳東風。頷いちゃいるけど頭の中は空っぽで、相手の声はただ物理的に聞こえているだけ――そんな子ども・若者が多いのです。

こうならないためには、やはり幼児のころから、聴く躾をしておかなくてはなりません。

それがないままで中学生になってしまったような場合は、かなり厳しく鍛え直さなくてはならない。ただ、それまで甘やかして育ててしまうと、親が鍛え直すのは難しいかもしれません。スポーツや稽古事をやらせて、他人の大人に鍛えてもらうのが効果的でしょうが、親御さんとしても放っておかず、機会あるたびに注意するべきです。

まず、人のいうことを聴くときの態度から教えてください。姿勢を正して、相手の眼をしっかりと見て聴くこと。今の子たちはこれができない。もじもじしたり、キョロキョロしたり、うつむいたりが多い。照れくさいのと、カッコつけているのと両方でしょうが、とにかく態度がなっていない。まずこれを直し、集中して、相手がいわんとしていることを理解しようとさせてください。相手に「この子はこちらのいうことを真剣に受け取ろうとしている」と思ってもらわなくては、相手もきちんと話してくれませんから。「そんなこと、わかっているだろう」と大人には思われることでも、きっちり言い聞かせるのが大事です。今の子は、想像以上に常識に欠けていますので——。

そういう傾聴力は大切ですが、それはコミュニケーションを円滑にするための手段であって目的ではない。つまり相手の言葉をよく聴いてその内容を理解し、なにがいいたいのかを把握するのは、最初の一歩。コミュニケーションを取りたいのなら、相手のいうことを聴いた後、今度はこちらがなにか返さなければならない。それができるためには、聴いていているときに、自分を失わずに聴いている必要がある。いつも相手のいうことに共感し、賛同してばかりではダメなのです。

相手のいうことを聴きつつ、「なるほど、そういう考え方もあるのか」、「その意見には賛成だな」「いやちょっと待てよ、この人はそういうが、それはおかしいのではないか」「いや自分はそういう考え方はしないな」など、自分なりの基準を持っている必要がある。そうしないと、相手のいうことに対して、きちんとした反応ができません。賛成するにしろ、それとは違う見方を提言するにしろ、あるいはそこからこういう方向が見いだせると発展させるにしろ、自分からの発信ができません。

とはいうものの、こういうことがキチンとできる子どもや若者なんて、ほとんどいません。大人だって10人いれば3人いるかどうかです。それほど日本人はコミュニケーションの取り方がうまくない。この点については、外国人のほうが優れているとボクは思っています。つまり上手にコミュニケーションを取ることは、われわれ全体がこれから身につけるべき課題であり、特に未来を担う子どもたちには、ぜひ身につけてもらいたい必須の能力といっていいでしょう。

▼大きな声で、明快にハッキリ話す重要性

聴く能力がコミュニケーションづくりのベースであるのを認識していただいたところで、今度は「話す」について述べてみましょう。いうまでもなく上手なコミュニケーションづくりのための中心的行為は「話す」ことです。「話す」には二つの側面があります。ひとつは肉体的なこと、もうひとつは話す内容です。そしてこの二つとも、簡単には身につかないのが厄介です。大人だって、この二つが高い水準にある人はめったにいない。

ではまず「肉体的な話す」からいきましょうか。当然ですが話すためには声を出さなくてはならない。その声が適切な大きさか、発音が明瞭か、もごもごしたり、語尾が消えてしまったりしないか――そういうことが、ボクがいう「肉体的な話す」です。もちろん理想は、よく聞こえる比較的大きな声で、はっきりと明快な発音で滑舌よく、口ごもったり黙り込んだりせずに、適度なリズムで話すことです。いうのは簡単ですが、これが難しい。特に今の子ども・若者は、例の目立ちたくない症候群があるうえ、はっきりものをいうことを「うざったい」と感じているフシがある。本当はそういう悪しき「子ども・若者文化」

を放逐する必要があるのですが、それは問題が大き過ぎるので、ここでは論じません。

最初に声の大きさについて。これはいまの子のほとんどが失格だと思います。みんな、声が小さ過ぎる。特に女の子は、蚊の鳴くような声で話すのです。仲間同士で話すときはそうではないけれど、大人と話すときには小さな声になってしまう。恥ずかしいのと、大きな声はダサいと思っているのとの相乗効果でしょうね。でも彼女らが憧れている芸能界では、小さな声の人間なんてひとりもいない。ボクは若いころあの世界にいましたが、おかげで今でも声は大きい。彼女らはどう思うか知りませんが、声が小さいというのは上品なんてものではなく、陰険で後ろ暗いところがあるからだ——と、単純なボクなどは思ってしまいます。

声の大きさについては、家庭でも教育できるはずです。中高生ともなると、ふだんはあまり親と話さないかもしれないが、どうしても彼らが親と口をきかなくてはならない場合がある。お小遣いの値上げ要求や、なにかを買ってほしいときです。そのチャンスを逃さず、「もっと大きな声で、はっきり『お小遣いを○○円にあげてほしいです』と頭を下げて頼みなさい」と命じるのです。こういうようになにかにつけて「もっと大きな声で」といっていれば、多少改善されてくると思いますがね。

大きな声を出す習慣をつけるなら、いつも例に出しますが、スポーツをすることです。

どんなスポーツでも大声はつきもの。だから恥ずかしさなんて吹っ飛びます。むやみに恥ずかしがるのは、コミュニケーションを自ら放棄しているのに等しい行為です。

次に明快に話すこと。そのためには口を大きく開けて話す習慣をつけさせましょう。ぼそぼそ話す人のほとんどは、口を開けていない。これは意識して直せます。もし親御さんがそういう話し方なら、すぐ改善といっても難しい（なにしろ生まれてから何十年もぼそぼそでやってきたのですから）でしょうから、その場合は「お母さんはこの話し方で損をしたのだから、あなたははっきり話しなさい」と経験をまじえて指摘することです。修正の訓練としては、新聞などを音読すること。難しい言葉が多い記事（経済面など）のほうが、発音しにくい分、訓練に最適です。

また、ボイスレコーダーを活用してみましょう。ふだんの家庭の中での会話を録音しておくのです。最初は親御さんがレコーダーを用意して、わからないように録音するといい。それを聞かされた子どもは怒るかもしれないが、同時にビックリもするはずです。自分の話し方のカッコ悪さにです。自分の声を聞くのは、慣れないうちは違和感があります。まして小さな声でぼそぼそしゃべっていて、全然魅力的じゃない。たぶん反省するでしょうね。初めは内緒で録音しても、次からは家族全員が録音を承知して話す、というのはどうでしょうか。ボクはやった経験がありませんが、意外に効果的かもしれませんよ。

会話中に気をつけるのは、語尾をはっきりということ。語尾を飲み込んで話すと、相手はその話にあいまいなものを感じてしまいます。信用できない、という印象を与えるのです。それから前にも書きましたが、相手の目を見て話すということも重要です。これがなかなかできないのは、恥ずかしいということもあるが、目を見ると視線が合い、それが嫌だという思いがあるからです。相手に射すくめられているような気になることがあるし、逆に相手に失礼ではないかという懸念を抱いたりもする。それなら相手の顔の一部、眉間とか眉、あるいは片目を見て話すといいでしょう。意外に気楽に話せるものです。

ここまでは話す言葉について述べましたが、言葉以外の「非言語コミュニケーション」も大切です。非言語、つまり顔の表情やしぐさ、姿勢といったことですね。ふつうの会話なら、少し笑顔を浮かべながら話すのが、相手に好感を持ってもらえるオーソドックスなやり方です。言い争いのときなら別ですが、ふつうの状態の会話なら、微笑みつつ行うのが一番いい。だから親御さんも、できれば子どもに話すときは、柔らかい表情でいてほしいですね。特にお父さんにお願いします。いつも仏頂面では、親子のコミュニケーションもスムーズにいかない心配がありますから、どうか微笑みを忘れないでください。

▼話したいことを順序よく、簡潔に、しっかりと相手に伝える

次はどのように話すべきか、について述べましょう。つまり〝話し方〟です。誰もが毎日なんの気なしに話しているのですが、きちんと話すとなると結構難しいものですよ。

良い話し方の第一の条件は、相手が内容をよく理解できるように話す、ということです。話の中身が面白いかつまらないかはさておき、まずはこちらのいいたいことが、相手にしっかり伝わらなくてはどうしようもない。実はこれ、かなり難しいスキルです。例えばPTAの会合や町内会の集まりなどに出席されればわかりますが、話す内容がこちらの頭の中にすっきりおさまるように話せる人って、なかなかいないのです。それは遠慮なくいえば話し方が下手なのであり、その原因は話し方の訓練をしたことがないから、です。

もっといえば、日本の学校が話し方をまったく教えないからです。ボクはこのことを憂慮しています。これからますます国際化が進むのに、日本人はスピーチもプレゼンも苦手です。出席者の利害が錯綜する会議などでは、「誠意があれば通じる」なんてのんきなことはいっていられない。もっと人を引きつける話し方をしなければならない。日本人はそ

れが不得意という国民的欠点を持っているからこそ、今の子ども・若者たちには、上手な話し方を身につけてもらいたいのです。

思わず力んでしまいましたが、さて話し方に戻ると、まず順序良く話すことを心がけてほしい。子どもも大人もそうですが、これができない人がたくさんいます。仲間同士なら通じることでも、関係のない人に話すときには、その背景から順序立てて説明する必要があります。例えば同じクラスの生徒になら、「ねえ、昨日の○○君、すごかったね！」で通じることでも、お母さんが聞いた場合は、なにがなんだかわからない。まして親戚の人にならその背景から話さなければ通じません。「うちの学校、サッカーが強いんです。昨日、ライバルの××中学と試合があったのですが、こちらのキャプテンの○○君がすごいシュートを決めたのですよ。○○君は、うちのエースストライカーなんです」というように。

順序よく話す技術は、訓練で身につきます。お勧めしたいのは文章を書かせること。考えていることを文章にしようとすれば、どうしたって「どう説明すればわかりやすいか」を真剣に考えなければならない。だから自然に、まず概要を説明し、だんだん細部におよぶようにしていくものです。そうしないと散漫になって、なんだかわからなくなるからです。親御さんとしては、「子どもの話が、いつもとりとめがなくて明確じゃない」と感じているようなら、文章を書かせるといい。文章だと、チェックもしやすいですからね。

それから急に話題を飛ばさないことも大事です。今、学習発表会について話していたのに、いつの間にか話が運動会の思い出になっていた、なんてこと、よくありますよね。子どもに限らず、女性の話にはこれが多い。友だちとのおしゃべりなら、別に文句はないのですが、ちゃんとしたコミュニケーションを取るための話だと、これはやはりまずいでしょう。ひとつの話題が完結してから、次の話題に移るようにしたいものです。耳の痛いお母さんもいらっしゃると思いますが…。

また簡潔に話すことも、心がけさせましょう。これも雑談レベルならあまり気にしなくていいのですが、オフィシャルな話し合いではだらだらと長話をするのは望ましくない。中高生の場合、オフィシャルな場ってほとんどないから特別に練習しなくてもいいだろう――と考えるのは間違いです。そう思って訓練しないから、大学に入り、就活をし始めてあわてることになる。面接でだらだらと自分の経歴など話し始めてごらんなさい。たちまち「はいありがとう。結構です」といわれるに違いない。きちんとした場で話さなくてはならないときは、前もって練習しておきましょう。簡潔に話すためには練習が必要なのです。

そしてもうひとつ、忘れちゃいけないことがあります。これは話し方のテクニックではないのですが、ぜひとも子どもに守らせてください。同時に、今後、親御さんもこれを守っていただきたい。なにか？　簡単なことです。「人の悪口をいわない」。今、ボクにいわれてお気づきになったかもしれないが、これは生半可な気持ちではできないことですよ。ボクにしたって「エラソーにいうが、お前は人の悪口をいったことがないのか？」と迫られれば、口ごもらざるを得ない。もちろん、自慢じゃないがいっぱいいってきましたよ、悪口を。でも子育て中、子どもの前ではいわないことを自分に課していました。完璧にできたとは思っていませんが、子どもが嫌な気分になるようなことはなかったはずです。

ボクが「悪口をいうな」というわけは、道徳的な面だけでいうのじゃないのです。悪口をいうのは、人生において損だからです。得することがなにもない。世情に通じている人ならよくご存じのように、悪口ほどひそかに速く走れるランナーはいない。例えば3〜4人で談笑しているときに、ボクがそこにいないAさんの悪口をいったとしましょうか。それは1週間もすれば、必ずAさんの耳に入ります。しかもボクがいったのよりももっとえげつない内容になって…。もうボクはAさんとコミュニケーションなど取れなくなります。それも永遠に。それほど悪口って恐ろしいものであることを、お子さんに噛んで含めるようにして、教えてほしいと思います。

▼子どもが人の輪の中に入っていけるようにサポートを

ここまで、精神的に弱い子ども・若者が、どうすれば人とコミュニケーションが取れるようになるかを検討してきました。コミュニケーションを取ろうとしたいのなら、どういう心の持ち方をし、どのように人と接し、どんな話し方をすればいいのか、といったことです。でも肝心なことにはまだ触れていません。それは、心の弱い子どもや若者にはちょっと厳しい要求かもしれないが、「とにかく思い切って〝人の輪〟の中に入ってみようよ」ということです。だってコミュニケーションは理屈ではなく、実際の行動ですからね。

「それができれば苦労はしない」と親御さんはおっしゃるでしょうが、でもそれ以外にコミュニケーションが取れるようになる方法はないのです。

コミュニケーションの形は多様です。親友や夫婦など、親しい間柄での個人的なコミュニケーションばかりじゃない。そういうきわめて狭い範囲でのコミュニケーションなら、メンタルが弱い子ども・若者でもなんとかなることが多いでしょう。しかし中学、高校に入学して知らない人間ばかりの中でコミュニケーションを取る、大学入試の面接で何人もの初めてお目にかかる面接官とのコミュニケーションを取る、ということをこなすのは、たやすくはない。だから練習が要ります。その一番効率的な方法が、人の輪の中に入ることです。

そうはいっても「コミュニケーションの練習をしたいので、お仲間に入れさせてください」というわけにはいきません。人の輪の中に入るということは、その輪の中で自分なりの役割を果たすことを意味します。人の輪はなにかの目的があってできているのですから。サークル、スポーツチーム、ボランティア団体、そして部活などなど、友だちグループではない人の輪、つまり集まりや団体は、必ず目的があってできています。決してコミュニケーション能力の教室ではない。そういうところに「コミュニケーション能力をつけたいから、入れてほしい」というのは筋が違います。

けれどもコミュニケーションの不得意な子どもをそういうグループに入れてもらい、なんとか皆さんと一緒に活動をさせてほしい――これは親御さんの切なる願いですよね。ならば親御さんとしては、多少の無理を承知で、そういうお願いをしてみてはどうでしょうか。つまりツテをたどって、どこかのグループや集まりの仲間に入れてもらうのです。けれどもどういう集まりに入れてもらうのかは、慎重に検討する必要がある。そうでないと、せっかく人の輪に入れてもらったのに、そのことが子どもの負担になったり、子どもの存在がグループの活動に支障を生じさせたりする可能性がありますから。

そこで親御さんには、まずご自分なりの調査をすることをお勧めします。自分が入っているグループや団体に入れてもらうのが理想的でしょうが、そういうケースはめったにないと思いますので。ネットで調べたり人に訊いたりして、「これは！」と思うようなところを見つけたら、代表者に会いに行きましょう。そして思い切って、こちらの事情を述べ、子どもの加入をお願いするのです。できれば子どもも連れて行ったほうがいい。先方もそうでないと判断できないでしょうから。

むろん子どもには、そのグループの性質、概要をあらかじめ伝えておかなくてはなりません。子どもが拒否感を持つようなグループでは、連れて行く意味がない。もっとも、シャイな子どもは、そういうところに行くのを望みはしないでしょう。嫌がるに違いない。そこは話し合いで、あくまでもソフトに勧める、というスタイルを取ることです。しかしせっかく良いグループに入ったとしても、必ずしもうまくいくとは限らない。相性の問題、グループの活動がこちらの想像とは違っていた、やはり子どもにとっては苦痛だったなど、さまざまな事態が考えられます。そういうときは、代表者に事情を話し、丁寧にお詫びして、退会させてもらうしかありません。正直にいって、これでうまくいくケースは50％くらいだと思います。けれど、親がそこまで心配していることは、子どもに「なんとか改善しよう」という気持ちを起こさせると思うのです。

とはいうものの、一番いいのは親が出ていくことではなく、親しい友だちが入っているグループに入れてもらうことです。部活でも仲良しグループでも、なにかの習いごとでもいい。それが自然で理想的です。もしそんな友だちがいるなら、親御さんからその友だちに話してみることです。お子さんについては、その性質、なにに悩んでいるのかなどは、親より友人のほうがよく知っていることが多いものです。ぜひ友だちに相談してみてください。

さて、ボクがこうして長々とコミュニケーションの取り方について述べたのは、「コミュニケーションを取るのが苦手」ということが、その子の人生をいかに実りの少ないものにしてしまうか、それをよく知っているからです。ボクくらいの年になると、人生というものがどれほど〝縁〟によって左右されるのかを実感しています。本当に人と人との出会いほど不思議なものはない。その人の人生が豊かなものになるかどうかは、どういう人に出会えたかによるのです。そして「良い人」に出会う確率は、コミュニケーションの取り方の上手い人のほうが、下手な人よりずっと高いのです。

だから、さあ、勇気を出して、人の輪の中に入っていこうじゃありませんか！

第6章

ふだんから気持ちにメリハリをつけていれば いざというとき実力を出せます

この原稿を書きながら、「そういえば…」と気づいたことがあります。「気が弱い子ども・若者って、なんとなく感情の動きが感じられないんだよな」ということです。彼らはいつもあまり変わらない印象があります。ずーっとその姿、態度が同じ感じがする。一本調子なんです。そう、メリハリがない。

「メリハリ」というのは、実は音楽からきている言葉です。尺八など日本古来の音楽では、低い音を「減り（めり）」、高い音を「上り・甲（かり）」と呼んでいたのです。だから本来は「メリカリ」。それが転じて「メリハリ」になった。意味としては物事の強弱を明確につける、ということです。人の態度でいうなら、緊張しているときがあり、また気をゆるめているときもあり…という具合ですね。スポーツでいうなら「チェンジ・オブ・ペース」でしょうか。そういう緊張と弛緩のリズム、それをつけるのがメリハリです。

メンタルの弱い子はその感情にメリハリがない。むろん例外はあるでしょうが、総じて弱い子というのはおとなしく、おとなしい子はあまり感情を表に出さない。それは我慢しているからです。なぜ我慢しているのか？　恥ずかしいからであり、目立ちたくないからです。初めは感情を表に出すのがなんとなく恥ずかしく、どんなときでもなるべくいつもと変わらないようにしていたのではないでしょうか。でもそのうち自分が弱いことを意識しだします。すると「感情をそのまま出すと、みんなに変に思われはしないか。なにかいわれはしないか」と心配になります。ますます感情を殺してしまう。やがてそれが習い性となる。それで外からは感情の起伏がないように見えてしまう——と想像します。

でもこれはいいことではない。うれしいことがあったら大喜びし、悲しいことや悔しいことがあったら号泣すればいい。まだ思春期なんだし、そうなるのが自然です。でも弱い子たちは気持ちを表に出さないように自ら習慣づけてしまったので、そんなことがない。そのうち本当になにが起きても、強く感じることがなくなってしまうのです。

こういう気持ちにメリハリをつけない子ども・若者に、ボクは二つの点で危惧を抱いています。ひとつは「感激を忘れてしまうのではないか」ということです。気の弱い子は本来感性が鋭く、敏感なはずです。でもいつも感情を動かさないように努力してしまった結果、感性は鈍くなり、文学的にいうなら「心のひだ」を失ってしまっている。人からなにかいわれたときでも、芸術作品に接したときでも、本当は心を揺さぶられているのに、そう反応する以前に、心の前に頑丈な扉をつくって、心が住んでいる部屋に入ってこないようにしてしまっている。だから心が震えない。本当は人一倍ナイーブで震えやすい心を持っているのに、これではわざわざ人生をつまらなくしているといわざるを得ません。

もうひとつは、こういうメリハリのない心の持ち方をしていると、いざというときに力を発揮できない――ということです。心の動きを封印してしまうと、なにかあったときにうれしくなる、悲しむ、怒る、嘆く、くつろぐ、緊張する、嫉妬する、驚く…といった感情の揺れが少なくなってしまう。それはいつも沈着冷静というのではなく、いつも無感動というのに近いのです。そういう人は、「いざというとき」の「いざ」の価値を故意に下げようとします。「なあに、どうせたいしたことはないさ」と考えようとする。入試だって「どうせ、自分なんか受かんないさ」とうそぶく。これでは合格するわけがないですね。

もちろん心の奥底では、合格したくてたまらない。でも習い性となってしまったメリハリのない心は、それを認めようとしない。長いこと、自分を偽ってきたからです。そして自分でもそれに気づいている。「もう、そんな否定的な気持ちになってはいけない」と感じています。「こんなことじゃ、いつまでたっても弱っちいままだ」と知っています。それなら、いい方法がある。ふだんから心の持ち方にメリハリをつけるのです。あるときは真剣に勉強に集中する、あるときは音楽でも聞きながらぼうっとしている。こうして自分の心が自分の意志でいろいろなモードに入れるように練習をするわけです。

ふだんからそうしていれば、なにかがあったときに、その場にふさわしいモードにすぐ入れるようになります。入試は受験生にとっては「いざというとき」であり、戦いのときです。ならば心を戦闘モードに切り替えなければいけない。戦闘モードになっていれば、自分でも驚くほど頭が回転して、ふだん解けない問題が解けてしまうことがある。それができる人を「本番に強い」というのです。すなわち、「いざというとき、実力を発揮できる」人です。そうなるために、心の緩急をいつも意識してください。

ではお子さんが心を開き、ふだんから心のメリハリがつけられるようにするために、親御さんはどうサポートすればいいのか。まず家庭の中で、子どもが自分の気持ちを素直に表現できるムードをつくってあげることです。子どもがなにかいったときに、即座に否定するのは、決定的に拙い。つねに受け入れてあげてください。家の中ですもの、なにをいったっていいのです。子どもが心を開くのは、笑顔のときです。だから家族としては、子どもが微笑まざるを得ないような雰囲気をみんなでつくっていきましょう。

▼イキイキと生きている人には、どこか鈍感なところがある

本章でボクがいいたいのは、人間、「いざというときに力を発揮できなくてはいけない」ということです。ひねったいい方をすれば、「いざというときに力を発揮すればいいのであって、ふだんは適当にやっていればいい」ともいえます。こういういい方を嫌う人は大勢いるでしょうが、ボクはその考えを変える気はありません。なぜなら「いざというときに力を発揮する」ことの重要性をいやというほど知っているからです。

ボクは、若い時分にはずいぶんマージャンに凝りました。腕前は素人としては、いい線をいっていたと思います。また前に書いたように、30歳ころからはテニスに夢中になり、いわき市ではトップになりました。つまり勝負事が好きなのです。でもマージャンもテニスも、ボクが経験したレベルなどたいしたことがないのは、むろん承知しています。そうではあるがそれらの経験は、ボクに「いざというとき、持てる力を発揮できるかどうかが、勝負を決める」という現実を教えてくれました。加えて3人の子どもにテニスのコーチをし、3人ともインターハイに出場させた経験で、いっそう「いざというとき」の重要性に確信を持ったのです。

学習塾を経営してからもその思いは変わらないどころか、ますます強くなりました。入試もまた勝負だからです。「いざというとき」なのです。そういう観点から見ると、「いざというとき」、つまり「入試」に強い子は、やはりふだんでも強い子が多い。残念ながらメンタルの弱い子は、入試にも弱い傾向があります。彼らの多くは、入試で実力以下の答案を書いてしまう。実力があるのに、それを発揮できないで終わっちゃう。教えるほうとしては、無念です。それもあって、こんな本を書こうと思ったのです。

たびたびそういう悔しい思いをしたボクは、彼らがなぜ入試会場で実力と程遠いパフォーマンスしかできないのかを考えてみました。もちろん原因はひとつではない。でも間違いなくそのうちのひとつは、「弱い子は敏感過ぎる」ことです。ボクは前項で、「入試のときは心を戦闘モードにしなければいけない」と書きました。これはふだん無感動だと、感情のメリハリがなく、試験も諦めムードで迎えてしまうから、合格できない——という意味でした。入試以前の日常生活での心の持ち方の問題を指摘したのです。

敏感過ぎる——という場合も、外から見た感じはメリハリのない子とかなり違うけれど、日常生活での心の持ち方に問題がある点では共通しています。こういう子は、いつも自分の周囲の雰囲気にことさら気を配っています。過敏な子は、つねに周りに注意していて、しかも何か起きるとそこから遠ざかろうとします。巻き込まれることを過度に恐れている。

こんな子が入試を迎えようとするとどうなるか？　神経は6ヵ月も前からピリピリし、落ち着きがなくなってくる。食欲も落ちる。テレビの音や家族のおしゃべりにいらだつ。では懸命に勉強しているのかというと、そうでもないのです。机には向かっているけれど、目は参考書を追っているけれど、頭脳は読んでいる内容に集中しているわけではなく、しょうもない他のことを考えていたりします。そして夜は眠られず、どんよりした疲労感だけが増していきます。これでは試験場で最良のパフォーマンスなど発揮できるわけがない。

ではどうするか？　なんとか、鈍感になる訓練をするしかないと思います。お父さんならおわかりでしょうが、成功者といわれている人たちって、意外に鈍感な人が多いのです。少なくても過敏な人はほとんどいない。といったって、なにも感じなくて愚鈍というわけではもちろんない。感覚も鋭敏だし、センスも優れています。ただ、凡人のようにつまらないことに神経を使わない。そして人に迎合しません。自分のバックボーンがしっかりしていて、つねに自信をもって行動しているからです。

むろん、今ここにいる神経過敏な弱い子に、すぐそうなれといったって、無理です。敏感な子をもう少し鈍感に、すなわちなにがあってもあまり気にしないようにするのは難しい技です。それでも親御さんとしては、お子さんが多少なりとも鈍感になるようにサポートしてあげてほしい。入試の数ヵ月前から始めるのでは遅すぎます。気がついたら今から、実行してください。

過敏とは、他人から見ればたいしたことのないことに、過剰に反応してしまうことです。例えば茶碗に盛られたご飯に髪の毛が一筋入っていた――それだけでもうご飯を食べない子がいます。ちょっとした切り傷なのに、包帯をぐるぐる巻いてもらって、学校を休む、なんて子もいる。そういう行為を親御さんは見過ごさず、注意することです。でも頭から叱り飛ばすのではなく、いつもそういう神経でいると損をすることをいい聞かせるのです。

ここでまたいいますが、少し鈍感力（約10年前に、そういうタイトルのベストセラーがありましたね）を養うなら、スポーツに勝る方法はありません。スポーツをしていれば、ちょっとのケガなど日常茶飯事ですから。

そして自分なりのおまじないのようなものをつくるのもいいと思います。ちょっと気になることがあったら、例えば両掌を握ったり開いたりする。あるいは首をぐるぐる回すとか。そういうしぐさと一緒に、自分の意識から気になることを放り出すのです。それを根気よく続けていって、少々鈍感になりましょう。

▼入試に臨めば、誰でもテンパっちゃうのがふつうです

「自分は、いざというときになるとすごくあがっちゃう」と自覚している人は実に大勢います。いや、いざというときに平常心でいられる人なんて、ほとんどいないのですよ、本当は。誰だって本番ではあがります。多くの名優、大歌手たちが、「舞台やステージに出てゆく前はがたがた震えるほどあがってしまう」と告白しています。ましてや10代の少年少女たちが、これからの人生を左右する入試の前にあがらないとしたら、そのほうが異常です。いわゆるテンパっちゃう、いっぱいいっぱいになってしまうのが当然。親御さんはまずこのことを承知しておいていただきたい。

お子さんがあがり症か、そうでもないかは、親御さんにはわかっているものです。あがり症の子は、幼稚園時代から運動会やクリスマス会で、ドキドキして失敗しちゃったりするものだからです。でも幼いときには、そんなことはあまり気になりません。しかし受験を控える年齢になると、そうはいかなくなる。あがり症のために入試で実力を発揮できずに落ちてしまうとなると、悔しいですからね。

あがり症の気が少しある子は、自分でそのことを意識しています。その意識が強過ぎて、試験会場でますます緊張してしまうことがよくあります。だからなるべく「あがる」ということ自体を意識しないほうがいいのですが、それもなかなか難しい。親御さんがそういう子どもにまず教えてあげてほしいのは、「あがる」のは悪いことじゃない――ということです。試験に臨んである程度あがる、つまり緊張するのは自然だし、むしろそうならなければいけない。前に書いた「戦闘モードに入る」というのは、「さあ、やるぞ！」と緊張することです。これがなければ、良い成績は取れません。ただし、それが過度になってはいけない、ということなのです。つまり適度にあがるのこそ、試験に臨むときの理想的状態です。

というわけで、試験の前には少しドキドキしたりしても、あまり気にしないことです。心臓のドキドキを感じたら「よし、いまいい状態になっているぞ」と思えばいい。

そうはいっても、やはり対策は立てておくほうが安心ですよね。でもその前に「あがり」の基本的知識を得ておきましょう。「あがる」という現象自体は、医学的に説明ができます。人は緊張や不安を感じるとノルアドレナリンという神経伝達物質が活発に分泌され、自律神経の交感神経を活性化します。交感神経が刺激されると心臓が高鳴り、顔は紅潮して、汗をかき、血圧が上昇します。人間に限らず、すべての動物はそうなります。つまり「あがる」のは、動物としてきわめて正常な反応なのです。ただ、その度合いが強すぎると、ふだんの能力を発揮できなくなってしまうわけです。

だからこのあがりを、試験のときは適度な水準にとどめておくのが望ましい。それにはどうするか？　そういう場に慣れておくことしかないと思いますが、その前段階として、試験に臨むための基本的なことはすべてしておく必要があります。つまり、自信をもって試験に臨めるだけの勉強をしておかなくてはならない。当たり前過ぎるいい方ですが、これがないと不安を抱きながら試験を迎えてしまうので、良い結果を期待できません。

次に、試験の雰囲気にある程度慣れておくこと。だから模擬試験の体験は必須です。また志望大学のオープンキャンパスには必ず行って、大学の概要を知っておくのも大事なことです。当然ですが、やるべきことは全部しておかなくてはいけないのです。

さて入試当日です。緊張するなといっても無理ですが、とにかく身体がこわばらないように心がけてください。緊張していると、どうしても身体がこわばってしまう。これを軽いストレッチなどでほぐしておきましょう。首をぐるぐる回したり、腕を回したりしておきます。そして顔の筋肉を柔らかい状態にしておきます。視線を遠くにやるのもいいですね。それから深呼吸を忘れないように。いわゆる腹式呼吸がいいのですが、あまりそういうことにとられず、単に深呼吸——と覚えておけばいい。当日、ともすれば忘れがちなものです。

もうひとつ、自分に暗示をかけるのもいいかもしれません。ボクは神経質な塾生には、ある文句を教えて送り出します。某医学博士が提唱したその文句を、心の中で静かに唱えて気持ちを落ち着かせるのです。実際に「とても効き目があった」と報告した子もいましたよ。

ではわが子を送り出す親御さんのほうはどうすればいいのか？　これは結構大事なことです。第一は親のほうが緊張してしまわないこと。「お母さん、なんだか心配でドキドキしちゃうわ」なんていってはいけません。緊張は子どもに伝わりますから。なるべくいつもと同じ感じで子どもに接してください。ことさら「頑張って！」などという必要はない。自然な振る舞いの中で、子どもに「応援してくれている」ことが伝わればいいのです。

そしてなにより重要なのは、体調管理です。寒い時分なので、風邪は特に要注意。子どもが引かないようにするのはもちろんのこと、家族も引かないように気をつけてください。そして当日は、防寒を万全にして送り出しましょう。

また親御さんは子どもにプレッシャーをかけないように気を配ってください。むろん入試には親子ともども全力でぶつかるのですが、一方で「入試合格だけが人生の目標じゃない」ことも、認識しておいてほしいですね。

▼わが塾が得意としている面接対策

親御さんたちの若い時代と違い、今の大学入試は複雑なシステムになっています。まず試験そのものが昔と違って多様になっています。大学入試についてあまりご存じない方の入試に対するイメージは、「英語や数学などの学力についての試験」というものでしょう。現在だってそうした学力試験は当然実施されていて、それを一般入試と呼んでいますが、その比率はかなり低くなっています。文部科学省の調査によれば、2015年度でいうと一般入試での入学者は、大学入学者全体の56.6％に過ぎません。特に私立大学は少なく49.6％（国立大学は84.4％、公立大学は73.2％）です。

では一般入試でないならどんな入試を経て大学に入るのかというと、推薦入試やAO入試です。推薦入試には指定校制推薦入試（大学が指定した高校ごとに推薦枠が割り振られている）、公募制一般推薦入試（高校の指定がなく、各大学の出願条件を満たして高校から推薦を受けられれば、誰でも受験できる）、公募制特別推薦入試（スポーツや文化活動に顕著な実績を持っていることが条件になる）の3種があります。

　またＡＯ入試とは、大学が求める学生像（アドミッション・ポリシー）に合っているかどうかが問われ、面接を重視する入試です。

　これらの入試が盛んになった背景のひとつは、私立大学が少子化の中でなんとか志願者を確保したい、という経営上の戦略があります。でもそれだけではない。従来の1回こっきりの学力試験による選抜への反省と同時に、国としてこれからは学力だけでなく総合的な能力の高い人材を育成していかなくてはならないという、文部科学省の、ひいては政府の意向があるように思われます。

　実際にその方向で入試制度の改革が計画されていて、２０１４年12月に中教審（中央教育審議会）は文部科学相に対して、大学入試を改革するようにという答申を出しました。答申の内容は、毎年50万人以上が受験する大学入試センター試験を、２０２０年度実施分から「大学入学希望者学力評価テスト（仮称）」にする――というものです。このテストは暗記した知識の量ではなく、思考や判断など知識の活用力を問うものになります。それに答え方もマークシート方式だけでなく、記述式が多くなります。

　加えてまったく新しいテストである「高等学校基礎学力テスト（仮称）」が導入されます。これは高校2～3年生が対象で、現在各学校で作成されている内申書の代わりとして、高校2年時から全国統一の試験を実施し、高校での基礎学力の評価をするものです。年2回、任意で受験できます。

　そして各大学で行われる二次試験も大きく変わります。小論文、面接、集団討論、プレゼンテーション、調査書、活動報告書、資格・検定試験などの成績、各種大会などでの記録などが、入試に活用されるようになります。

　つまりふだんからの勉強や部活、あるいはさまざまな活動の成果や、物事を考え、まとめる能力、さらにはそれをどう表現し、発表するかの能力が問われるようになるのです。これはきわめて真っ当な改革で、結構なことだと思います。

　特に面接や集団討論を重視するのは賛成です。だがそれだけに受験生のほうは大変だと思います。実はうちの塾は、面接の練習では定評があるのです。ボクが面接官に扮し、さまざまな質問をして生徒を責めつけます。生徒はそういうやり取りに慣れていませんから、最初はオタオタします。おかしなことを答えたり、黙り込んだりしてしまう。それを修正し、何度か練習をすると慣れてきて、やっと真っ当な面接になっていくわけです。

　その練習をしながら、ボクは生徒に同情しています。なぜって、今の子たちは、大人の他人と接する機会がほとんどないので、いきなり怖い面接官何人かの前に立たされ、質問を浴びせられたら、オドオドしてしまう。当然あがって緊張していますから、変な答え方になる。それで落とされてはかわいそうです。

といって、ふつうの塾では、そこまできめ細かく対応はできません。第一、ボクのように面接官に扮して質問できる先生もあまりいないでしょう。ボクは若いころ芸能界の飯を食ったことがあり、多少の演技経験もあるので、そういうパフォーマンスができるのです。また質問内容も怠りなく研究していますから、それほど的外れにはなっていないはずです。というわけで、うちの塾生で面接で失敗した例は今までありません。

ボクにいわせれば、面接の成否は度胸にあります。臆せず自分の考えていることを要領よく話せるかどうかが問われます。ならばこれは、メンタルの弱い子にとって実に嫌なテストであるはずです。だからこそ練習が大事です。実はこの模擬練習が、メンタルの弱い子の精神力を強くする、この上ない訓練になるのです。ボクはよく冗談で恵子に「これからうちの塾は、面接だけに特化して教えていけば、有名になるんじゃないか」といっているほどです。

メンタルが弱くていいたいこともいえないでいる子を見るたびに、ボクはこういう練習の大事さを痛感します。スポーツと同じように、練習だけが苦手意識を頭から追い出し、「面接を怖がらない」余裕をその子に持たせてくれるのです。

第7章

「強くなる!」という強い意志を親子で共有して「強くなる」工夫をしましょう

本屋さんに行くと、メンタルの弱い人を対象とした本がたくさん並んでいます。多くは大人向きのものですが、子ども・若者を対象とした本もかなりあります。著者は精神科医、カウンセラー、心理学者、学校の先生が多いですね。ボクもずいぶん読みましたが、正直にいって玉石混交だと思います。参考になる書籍も多いが、不満が残るものもかなりある。特に学者さんが書いた本は、分析は見事で「その通りだろうな」と感心させられるのですが、「では、その弱さを克服するにはどうしたらいいのか」という部分が弱い気がします。

といって、本書がその点で優れている、などといいたいのではない。しかしお子さんが弱くてお悩みの方に、少しでも具体的な改善方法のヒントを差し上げられれば――とは考えています。

まず親御さんに申し上げたいのは、「強くなる!」という強い意志を、親子ともに持ってほしい、ということです。この意欲なくして、弱い子が強い子に変身するのは難しい。しかしこれ、矛盾したいい方ですよね。理屈をいえば「そういう強い意志を持てないから弱いのであって、それに対して『強い意志を持て』とはおかしい」ということになるからです。でも論理の矛盾は後で考えましょう。今はまず、強くなる工夫に思いを致そうじゃないですか。

ボクが塾を開いて以来、一貫して塾生たちにいい続けてきたのは、「夢を描いてその実現のために一生懸命やれば、必ずなりたい自分になれる」ということです。これに対しても「人生、そんなに簡単なものじゃないぞ」という反論が聞こえてきそうですね。まさにおっしゃる通り。人生は簡単ではない。そして世の中の真実は、往々にして「身も蓋もないもの」でもあります。強い人間はいつも強く、弱い人間はつねに弱い。頭の良さ、悪さは変えようがなく、一生ついてまわる。かわいい子はチヤホヤされ、地味な子は無視される。たしかに人生にはそうした面があるのを否定はできません。

だがしかし…です。それだけが真実じゃぁむろんない。オバマ前大統領の「change」「Yes, we can」は、本当のことだとボクは信じています。われわれは変われるし、また、そうすべきときには変わらなければならない。弱い子だって、いつまでも弱い子でいるわけじゃない。必ず強い子に変われます。それはいつか？　本書をお読みになって親御さんが「わが子を強くしていかなくてはいけない」と気がついた今、「change」に向かって進むべきなのです。

　もうひとつ、心構えの話をさせてください。うちの塾では、入ってきた生徒に必ず「君は将来、なにになりたいの？」と尋ねます。はっきりと「学校の先生」とか「アニメクリエイター」（これ、今すごく人気の職種です）とか答える子もいますが、たいていは「さあ…」という反応です。中学生くらいでは自分の将来像が明確になっているほうが少ないでしょうから、「さあ…」は自然な反応です。でも今の時代は、中学生になったら、なりたい職業が明確になっているほうがいいと思います。それがその子の人生を、無駄のないものにするからです。

　マスコミ人、公認会計士、建築家、商社マン、ＩＴ技術者、音楽家、お笑い芸人、女子アナ、サッカー選手などなど、その子によって目標は違いますが、とにかく将来像が明確になっていれば、おのずと努力の方向が定まります。無駄な勉強をせずに、その目標に合った勉強をすればいい。それだけで、大学卒業間近になってやっと人生の方向を決めた人よりずっと有利です。メンタルの弱い子であればなおさらのことです。

　しかし弱い子の場合、中高生くらいで将来の方向を決めているのはほとんどいない。そこにも、その子の弱さが表れているのです。つまり自分の意志が明確じゃない。逆にいえば、今、「どうしても○○になるんだ！」と決意させることができれば、その子はその方向に向かって行けるようになるのじゃないでしょうか。つまり努力の方向が定まる。そうすれば努力することができるようになる。それこそ強くなるための第一歩です。

でも弱い子は、なりたい自分が自分でも明らかではない。そこで、親御さんの協力と応援が必要になります。将来の方向が明確ではないといったって、その子が好きなことはありますよね。コツコツと模型を組み立てるのが好きだとか、植物を育てるのが好きだとか、あるいは料理するのが大好きとか…。親御さんとしては、まず子どもの好きなことをテーマにして、いろいろと話し合ってはどうでしょう。料理が好きだから料理の先生に——とはすぐにはならないと思いますが、なんとなく将来というものに、子どもの意識が向いていくはずです。そういう話し合いをするうちに、子どもがぼんやりとでも「料理をちゃんと習おうかな」などと思うようになれば、しめたものです。

こうして、親子で話し合いながら、未来の夢を描いていきましょうよ。そのうち、目標は明確になってきます。例えばアニメクリエイターとか。そうすれば入りたい大学がわかってきて（多くのアニメクリエイターの出身大学・学部がわかるでしょうから）、そのためにはどの高校に行けばいいかが判明します。すなわち勉強の方向が決まる。そうなればもう「弱い」なんてオサラバです。イキイキした人生に向かって踏み出せるのです。

▼Take it easy（テイク・イット・イージー）で行こう！

この見出しを見て「なによ、気取って英語なんか使っちゃって！」と怒らないでください。なにせボクは英語を教えるのが商売なので、スミマセン。アメリカ映画を観ていると、このセリフにしょっちゅう出合います。「気楽に行こうぜ！」という感じですね。今はもっと幅広い意味で使われています。高校生や大学生が学校からの帰り際に友だちにこういったら、「じゃ、またね」くらいの軽いあいさつになります。要するにごく自然に、気張らないで、肩の力をぬいて、気軽に…というニュアンスです。ボクが弱い子ども・若者たちに勧めたいのは、ふだんこういう感覚でいたらどうか、ということです。

つねづね感じているのですが、どうも弱い子ども・若者には、笑いの感覚、いいかえればユーモアのセンスがない。まあ、真面目なのですね。お堅いお母さん方にとって、真面目は評価すべき徳目でしょうが、ボクはちょっと違う見方をしています。もちろん真面目をさげすむわけじゃないですよ。でもあまりに真面目過ぎるのは如何なものか、と思わずにはいられない。それは昔から「クソ真面目」といって、決していいことじゃないのです。

アッ、もう「なんという不謹慎な著者」と怒っていませんか？　怒ってもいいから、もう少しボクのいうことに耳を傾けてください。

前に「メリハリ」ということを申し上げましたね。人間、いつも突っ張ってばかりいてはくたびれてしまいます。ときには力を抜いて、大声で笑ったり、デレデレしていたり…という時間があっていい。というより、無ければいけない、と思います。そして真面目になるべきときにはむろん真面目になる。なにかに一生懸命取り組む。そういうメリハリが必要です。なぜかというと、いつも力んでばかりいる人は、本当に力を出さなければいけないときに、つまりいざというときに、自分の力の全部を出し切れないからです。肩に余計な力が入って気持ちに余裕がなく、持っている能力を一点に集中できないからです。

そういうことは、スポーツをすればわかります。野球でいえば優れた打者は、バットを構えているときには力まずリラックスしていて、いざボールに当てる瞬間（インパクトの瞬間）にバットを最高のスピードで振るようにします。構えているときから力を入れてしまうと、筋肉がしなやかに動かず、インパクトのときに最大の力が出ないからです。テニスのボレーも同じことです。ここぞというときに最高のパフォーマンスをするためには、その前の段階ではリラックスしていないといけないのです。

勉強だってそうです。ふだん楽しくリラックスしているからこそ、机に向かったときに、あるいは問題を考えている時に集中できるようになる。ではふだんリラックスするためにはどうすればいいか？　生活のあらゆるシチュエーションを楽しむことです。楽しめれば自然に笑顔が浮かびます。ゆとりが生まれる。すると人に冗談が言えるようになる。それを聞いたほうが笑います。いった本人も楽しくなって笑う。場がにぎやかに、そして和やかになります。いい雰囲気が生まれます。すべてが良いほうに回り始める、というわけです。

これはふざけ散らしているのとはまったく違う心の働きです。その場にいる人はみんな楽しくリラックスしている。気楽にしゃべりあっている。「Take it easy」の状態にある。でも弱い子はいうかもしれませんね。「そんなに気楽に人としゃべれないから、困っているんじゃないか」と。実はもうその態度自体が緊張感を漂わせていて、それが周りにも伝染してしまい、雰囲気が固くなるのです。それは正直にいって、すぐに直せるものじゃないでしょう。だから親御さんの出番になります。

ご両親はとにかく家の中の雰囲気を明るくしてください。冗談をいい合って、家族はいつも何をいってもいい——という感じにすることです。生来明るい性質の人なら、意識しなくてもこういう雰囲気を出せるでしょう。しかしご両親とも真面目過ぎる性質のご家庭では、なかなかうまくいかないかもしれない。でもそこは努力してください。最初は少し不自然でもしかたがない。けれど努めて冗談をいい、笑顔でお子さんに接してください。子どもは初めのうちは戸惑うでしょうが、そのうち慣れます。自分も笑顔で話せるようになる。気楽な雰囲気の家庭に変わっていきます。

少し横道にそれますが、ここで大震災後の福島について話しておきたいことがあります。たしかに福島県民の多くが犠牲になり、今も津波や原発事故の影響は深刻です。しかし、だからといっていつも真面目ぶらなければいけない——という空気があるのはどんなものでしょうか。もちろん「ふざけなさい」というのではない。ただもっと余裕をもって、明るいジョークが飛び交うようなムードをつくりたいと思うのです。そうしたほうが、深刻ぶるよりずっと再建への意欲が高まるのではないかというのがボクの意見です。

それはさておき、まず家の中を気楽な雰囲気にすることを心がけましょう。家の中の空気の変化をもっとも敏感に感じるのは子どもです。子どもは、親が自分のためにいろいろ努力していることを察します。口には出さないだろうが、感謝もします。そして「自分も変わらなければいけない」と思うはずです。そこから彼や彼女の〝明るい姿への変身〟が始まっていく。家庭の雰囲気が明るく変われば、子どもの意識も明るく前向きに変わります。

▼完璧なんか目指さなくても、いい加減でいい

前の項で述べたように、弱い子は本質的に真面目です。真面目ゆえに弱い。ではどうすればいいのか？　もちろん「不真面目になる」というのが答えではない。ボクの答えは「完璧を目指さない」です。どうしてそう思うのかを書いてみます。

その前に「真面目（まじめ）」とはどういうことかを調べてみました。まじめの「まじ」は「まじまじと見る」という場合の「まじ」です。「まじまじ」は、目をしばたかせることをいいます。「め」は「目」です。したがって真剣な表情で眼をしばたかせることが「まじめ」なのです。後に緊張して眼をしばたかせる姿から、おびえた硬い表情を意味することにもなりました。つまり「まじめ」は、おびえと関係があったのです。だから「まじめ」の中には、小心さが包含されているように感じられます。もっともこれは、学説ではなくボクの解釈ですが…。なお、漢字の「真面目」は意味から当てられた当て字だということです。

この語源を知ったとき、なにかがわかった気がしました。だから真面目な人は、どこか表情が硬いのだ――ということです。それはある種の小心さの表れであり、またゆとり

のなさでもあります。もちろんボクは「真面目が好ましくない」といっているのじゃないですよ。けれども正直にいって「真面目は損をする場合が多い」とは思っています。それは真面目な人は真っすぐで、わき目もふらずに進もうとするからです。「ちょっと楽しそうだから、少しだけ横道にそれよう」などと思わない。なぜそうするのかというと、今やりつつあることを、完璧に行おうとするからです。

しかしなにごとであれ「完璧に行う」のは至難の業《わざ》です。なかなかできることではない。だから真面目な人の行い（仕事にしろ勉強にしろ）は、なかなか完璧にはなりません。それは当然なんですが、真面目な人はそうは考えずに「自分の努力が足りない」と思ってしまいます。あるいは「自分には能力がない」と。

それが重なると自信を無くします。自信がないと、人間は弱くなる。大人でも子どもでも同じです。ではそうなってしまう原因の、真面目な子どもや若者が「完璧を目指す」のはなぜなのでしょうか。「完璧にできないと、人に軽蔑される」「そんなこともできないのかと無能に思われる」ことを恐れるからです。つまり他人の評価を気にするのです。なぜ評価を気にするのか？　たぶん「人に嫌われたくない」「軽く見られたくない」からでしょう。

すると、「人の評価なんか気にするな」「人がどう思おうと、いいじゃないか。自分ができるだけのことをすればいいのだ」と、本人じゃない人間（親も兄弟も友だちも）はいうでしょうが、真面目な子にそういう発想はなかなかできない。「真面目」「一生懸命」「完璧」の呪縛にとらわれてしまっている。

こういう状態に風穴を開けられるのは、親御さんか友だちしかない。「Take it easy」の項でも述べたように、まずご家庭の中の雰囲気を重くしないこと。そうするために効果的なのは、親御さんが進んで自分の失敗を語ることです。「今日、バスに乗って小銭入れを出そうとしたら、バッグに入っていないのよ。一万円札ならあったけど、運転手さん、それじゃおつりがないっていうしさ。今度乗ったとき払ってくださいってことで勘弁してもらったけど、バカね」という具合です。なにかで成功した話より、失敗した話のほうが、場の雰囲気は和やかになります。

お父さんもテレビのニュースを観ながら、エラソーに感想を述べるより、クイズ番組を観てトンチンカンな答えを口走ったほうが、子どもは心を開きます。今さら子どもの前で自分を飾ってもしかたがないのですから、お父さんも「間抜けなオヤジ」の姿をさらけ出してください。そうすれば子どもは親近感と同時に信頼感も覚えるようになるのです。

こういう明るい家庭が築ければ、真面目な子も余裕を持てるようになります。いつも完壁を目指して突っ張らなくてもいいんだ、ということが実感できるからです。

私事ですが、子育て当時のボクは、いつも子どもたちに冗談ばかりいっていました。また間抜けぶりも大いに発揮していました。そして恵子には「こうしてオレは、子どもたちが、『うちのオヤジはいい加減だから、僕らがしっかりしなきゃいけない』と思うように仕向けているんだよ」とうそぶいていました。半分はジョークですが、半分は本気でした。もっともボクの場合、根っから軽いし、いい加減でもあるので、そう振る舞うことが苦痛じゃなかった、という面もありますがね。

ボクがいいたいのは、「完璧を目指さないだけでなく、もう一歩進んで『いい加減でもいいんだよ』と、真面目な子どもたちに感じてもらいたい」ということです。むろん「いい加減でいい」といっても、おのずと限度はありますが。どうしようもなく、すべてにいい加減なのはもちろん論外です。そうではなく、実害のない、かわいげのある〝いい加減〟です。おわかりになりますよね?

「完璧」はある種の神業です。だから、「すべてに完璧」なんて人間はいるはずがない。なにかが少々できなくたって、恥でもなんでもない。人間である証拠です。そういう「良い意味での開き直り」を、親御さんは真面目な子どもに教えてあげてください。

▼子どもがなにかいってきたとき、即座に否定的な反応をしないでください

たいした根拠もなく「自分は頭がいい」と過信している人に限って、人がなにかいうと「そんなことないよ」とか「いえ、それは違うわ」とか、即座に否定的な反応をしがちです。いわれたほうは当然愉快ではありません。でも大人なので「どうして？」と穏やかに応えます。すると頭がいい（と過信している）人は、自分の意見を滔々と述べて止まりません。こういう人は敬遠されます。

さてボクが親御さんにうかがいたいのは「まさか、お子さんに対してそういう反応をしていないですよね？」ということです。実はこうした例はとても多く、しかも親のほうは「自分はそんなことはしていない」と信じているケースがほとんどなのです。自覚がないから、いつもいつもそういう態度で子どもに接する。すると子どもはどうなるでしょうか。なにをいっても反論されてしまうので、嫌になって親に話しかけなくなります。それで親子のコミュニケーションが断絶してしまう。

それは避けなければならないから、ボクはあえて質問したいのです。「否定的な反応を

していませんよね？」と。どうか胸に手を当てて、じっくり考えてください。特に「このごろ子どもが自分に話しかけてこないな」と感じている方は。

子どもが親に話しかけるのは、なにも親の頭の良いのを確認したいためじゃない。お父さんやお母さんと仲良く話したいからです。つまり甘えたいのです。否定的な反応は、子どものその切なる願いを蹴とばす行為です。顔には出さないが、子どもは失望し、期待を裏切られたと感じます。例をあげましょう。

「ねえ、今度○○君たちとJリーグの試合を見に行きたいんだ」「ダメよそんなこと。中学生だけで遠い所へ行くなんて。しかも夜でしょ。絶対ダメだからね」

「うちのクラスで女の子だけのバンドつくるのよ。私、ボーカルでどうかって誘われているんだけど、入っちゃダメ？」「ダメに決まってるだろ。今は勉強だけするべきときなんだぞ。ましてバンドなんて」

という具合です。彼や彼女らがやろうとしていることの是非が問題なのではない。親御さんの反応が、あまりにも拒絶的で、話し合おうとすらしない態度が問題なのです。だいたい子どものほうからなにかいってくるのは、お願いや要求の場合が多い。「ボク、明日から毎日4時間勉強することにしたよ」なんて決意を聞かされることはあり得ないと思っていい。当然です。そしてお願いや要求は、親から見ると、聞き入れられないものであることがほとんどです。だからといって、聞くや否やはねつけていいというものじゃありません。自分の中高生時代を考えてみれば、子どもの願いもわかるはずです。

もうひとつ、こういう親の否定的態度から生じる問題があります。いつも親に「ダメ」といわれ続けている子は、知らぬ間に自信を無くしていきます。あれもダメ、これもダメと聞かされているうちに、「自分はダメなのじゃないか」と思い始める。そしてなにごとにも意欲を失い、本当にダメになりかける。怖いことに「否定の癖」が親から伝えられてしまう。否定は伝染するのです。

そうした癖がついてしまうと、友だちからなにかしようと誘われても、「自分にはそんなこと、できない」と反応してしまいます。だから部活に入ることもなく、趣味もなく、好きなこともなく…という思春期を送らなくてはならない。10代の楽しかるべき日々が、色あせたものになってしまいかねない。誠に残念です。これは後で述べますが「自発力」がまったくない子どもになってしまうのです。

親御さんは、子どもの勉強、学力の向上を第一に考えますから、そのほかのことは全部「勉強を邪魔するもの」と位置づけがちです。ボクは学習塾を運営している人間ですから、本当はそういう親の立場に立った考え方に与《くみ》するべきなのかもしれません。でもそういう気にはなれません。だって、勉強ばかりじゃ、子どもがかわいそうじゃないですか。いや百歩譲って、「勉強以外は邪魔なもの」としてもいい。しかし、子どもが勉強以外のなにかをしたいといったとき、瞬間的にはねつけるようなことはしないでいただきたい。

たしかにバンドを組むのが、その子の将来に役立つものではないかもしれない。しかし大人になって、「親に反対されたけど中学時代にバンドを組んで、楽しかった」といういい思い出をつくることができる可能性はあります。それはそれで価値のあることだとボクは思うのですが…。

申し上げたいのは「否定からはなにも生まれない」ということです。子どものほうには、ただ拒絶された――という苦い思いが残るだけになってしまう。むろん子どもの願いは未熟なことが多いでしょうから、親御さんとしてそれをやめさせたいと思うのも無理はない。そのことに反対するわけじゃない。でも聞いたとたんに否定して、頭から拒絶するのは良い結果をもたらさない、といいたいのです。

否定はそれでなくても弱い子の、少しばかりの意欲をなくしてしまう可能性があります。それをよくお考えの上、子どもに対していただけたらありがたいのですが…。

▼スポーツと芸術は、子どもを豊かな世界に誘《いざな》ってくれる

弱い子を強くする方法のひとつとして、これまで何回も「スポーツをしてみてはどうでしょうか」と提案してきました。しつこいようだがここでもう一度それを繰り返したいと思います。加えて「芸術の素晴らしい世界」にも、目を向けていただければと考えます。でもこれには逡巡する親御さんもいるかもしれない。スポーツも芸術も、経験したことのない人には、少し近寄りにくい世界ではありますからね。しかしボクは断言できます。「スポーツと芸術は、子どもと若者の人生に素晴らしい彩りと豊かさを贈ってくれる、最高のものだ」と。

まずスポーツについて話しましょう。スポーツには二つの快感と苦痛があります。快感のひとつは、自分の思う通りに身体を動かす爽快さです。また苦痛は、それができるようになるために経なければならないハードな練習に耐えることです。もうひとつは勝負に関わる快感と苦痛です。スポーツはどういう形であれ勝ち負けを争うもので、その意味で疑似戦争ともいえます。当然勝てばこの上ない快感を味わえるし、負ければ精神的にかなりの苦痛を覚悟しなければなりません。この二つの快感と二つの苦痛が、スポーツの魅力なのです。

自分が思い描くように身体を動かすために日ごろ激しい練習をし、その成果を試合でぶつけ、勝敗を争う。極言すればそれに過ぎませんが、そこには、他のものでは味わえない独特の世界があります。まず、スポーツはひとりじゃできない。競泳やマラソンのような個人競技でも、一定の水準に達するためには、どこかの団体（学校の部活やクラブチーム）に入って毎日のように練習する必要があります。

チームに加入すると、毎日毎日、監督・コーチに指導されて同じことを繰り返す練習を、へとへとになるまでさせられます。この練習にへこたれないでついていくことこそ、スポーツをする意義のひとつです。そして試合では、ファイトを燃やし、持てる力のすべてを出し切り、チームのため、あるいはライバルに負けないように闘う。これらは勉強や文化的な活動では味わえない、スポーツだけの特色であり、また魅力です。

スポーツをすることで養われる力は、実に多彩です。だからこそ、弱い子に勧めたい。まず、毎日の練習は、ちょっとやそっとではへこたれない丈夫な身体をつくりますし、持久力、瞬発力を伸ばします。もうこれだけで、弱い子ではなくなることができる。

弱い子にとってスポーツをするのは、最初のうちは苦痛でしょう。疲れるし、身体じゅう痛くなるし。でも1ヵ月、3ヵ月と続けてごらんなさい。それだけで精神的ななにかが変わってきたのを自覚できるはずです。なにより、もう、かなりの時間ひとつのことを続けられる忍耐力がついているじゃないですか。またふだんの練習でバテたからといって、そのまま寝ているわけにはいかない。転んだって起きてもう一度、できてもできなくてもさらに何回もやり続けなくてはなりません。この訓練をすることで知らず知らずに、なにかに何回も挑む、すなわち精神的な回復力が身についていくのです。

そして試合では、「負けちゃいけない」というプレッシャーに押しつぶされることなく、自分のベストを出さなければなりません。「ここぞ」というときに機敏な反応をして、ゲームを有利に運ぶ必要がある。つまりプレッシャーをはねのける力、いざというときに臆さない強さが養成されるのです。さらに重要なのは、仲間ができること。先輩、後輩を含めたチームメートはおそらく生涯の友になる。むろん監督・コーチの存在もあります。そうした中で、弱い子がもっとも苦手とするコミュニケーション能力が磨かれていくのです。

そういう良いことずくめのスポーツですが、一部にはいまだに適切とはいえない体育会系精神主義が濃厚な部活もあります。ボクはこういう軍隊的精神主義が大嫌いです。必要以上に〝根性〟が叫ばれ、先輩後輩の盲目的な服従関係が結ばれる。その関連でいじめも発生しやすい。部活に子どもを入れるとき、この点だけは気をつけてください。その意味ではお金は多少かかるけれど、クラブチームのほうがいいかもしれません。

もうひとつの芸術については、やり方によってはひとりでもできます。しかし音楽にしろ美術にしろ、しかるべき人に教えてもらうのがオーソドックスな習い方でしょう。芸術もスポーツ同様多彩な世界です。音楽、美術、ダンス、文学、演劇、伝統芸能まで、さまざまな分野があり、その中で自分に向いたものを選べます。気の弱い子の多くは、繊細な神経の持ち主です。繊細過ぎて弱い――という場合も多い。しかしそういう子は、ある意味で芸術のために生まれてきたようなところがあります。

そうした繊細なセンスを持つ少年少女が、自分の得意なアートに取り組むことによって、その感性をさらに磨いていく。これは素晴らしいことです。同時に、そうすることで強くもなっていけるはずです。芸術も、ただのんべんだらりとやっていては進歩しない。よりうまくなるための訓練が不可欠です。そのためには自分で自分を励まし、今日より明日はさらに深い表現ができるように、絶え間ない努力を続けなくてはならない。気が弱いままでいたら、挫折は目に見えている。いやでも精神的に強くならざるを得ないのです。

どうか親御さんにはスポーツと芸術に理解を持っていただき、子どもが望むならぜひチャレンジさせてあげてください。きっと良い結果になると思いますよ。

▼少しずつ増やしていきたい、「自分発」の行動

「自発力」というのはなじみのない言葉でしょうが、字面を見ただけで意味はわかりますよね。「自発」とは自ら進んでなにかをすることで、「自発力」はそれを行う力です。ボクはこの力をすべての少年少女に身につけてもらいたいと願っています。というのは、日ごろ塾で教えていて、生徒たちが自分から言葉を発することがほとんどないのを、もどかしく、もっというならイライラして見ているからです。

むろん彼らだって、友だち同士のふつうのやり取りはしていますよ。でも先生であるボクや恵子に対して、積極的に質問したり、議論を吹っかけてきたりは、ほとんどしない。人間の行為の中で「話す」というのは、ごく自然にできる行動であるはずですね。それなのに二人以上の人がある場所にいて、どちらも黙っていたのでは、それこそ「話にならない」。どちらかがなにかを話して口火を切る必要がある。ところがそれを今の子たちはしようとしないのです。いや、できないのかもしれません。

実はこういう現象は、このごろ大人にも見られます。2冊ばかり本を書いたので多少名前

を知られるようになったのか、見知らぬ人から電話がかかってくることがある。話すと「ぜひ一度会いたい」とおっしゃる。そこでお会いすると、先方はいつまでも黙っている。ボクとしては「なんで連絡してきたのか、さっぱりわからない」ということが何回かありました。

さて子どものことに戻しましょう。話せないほどだから、自分がこれからの学習計画を立てて、それをボクらに見せるということもない。もう10数年前からいわれている「指示待ち族」（なにかを上司に命令・指示されないと、自分からは動くことがない若者を指す）そのものです。彼らが成長して「指示待ち族」になるのは無理のないことでしょうね。

子ども・若者たちのこういう状態は、教育の現場や企業ではもう常識になっています。でもそんなことを常識にしてはいけない。例えば学校の教室で、先生が「…ということです。ここまででなにか質問はありますか?」と問いかけます。教室はシーンとしていて誰も手をあげない。先生もそれが当然と思っているから「では、次に行きましょう」と授業を進めます。しかしこんな光景は日本だけだそうです。先進国に限らずどこの国でも、生徒たちは我先に「はい」「はい」と手をあげて、自分を指名してもらおうとする。指されると活発に質問する。たとえおかしな質問でも、臆するところがない。こういう外国の子どもたちと日本の子どもたちが大人になってなにかで論争をしたら、日本人が勝てるはずがないのです。

昔からこうした傾向はありましたが、今ほどひどくはなかった。なぜこうなったかというと、本来われわれがシャイな民族であるという背景はあるが、例のいじめとの関連での「目立ちたくない」という共通認識が大きいと思います。ふつうの子でそうなのですから、弱い子はもっと発言しない。発言しないくらいだから、自分から行動するなんて考えられません。

それでなくても弱い子がこのままでは、いつまでも弱い子でいるしかないのです。強い子を目指すなら、会話を始めとして、とにかくなにか、自分からアクションを起こすしかないと思います。ご家族は、その自発力向上のためにサポートしてあげてください。

自発的とは、自らが主体となって行動することです。でもそれをしたことのない子に、いきなり「なにかしなさい」といったって無理です。ごくハードルの低いアクションから始めてみましょう。例えば「今晩の食事、なににしたい?」という問いかけで結構。これまでなら「なんでもいい」という答えに決まっていて、お母さんもそれを当然のこととして適当にメニューを決めていたことが多かったと思います。それをこれからは「○○が食べたい」と自分の意志をはっきり表示させるように持っていくのです。毎日のようにこう尋ねれば、子どもも「自分が食べたいものをはっきりいうほうがいいんだな」と気づきます。

次の段階はメモを渡して、スーパーで夕飯の買い物をしてきてもらう。その次は町の肉屋さんで「豚バラ200gとコロッケ4個」というような買い物を頼みます。肉屋さんではスーパーと違って、口で注文しなければならない。こうして自分からなにかをすることに慣れさせていきます。それからは市役所で住民票を取ってきてもらうとか、親戚の家に届け物をするとか、小さな用事をしてもらいます。こういう経験でマメに体を動かせるようになれば、なにかをして、必要なことを話すのが苦にならなくなります。

そのうち、「習字を習ってみたい」などとぽつんといったりする。字のきれいさをほめられたのがうれしかったのです。こんな「○○をしたい」という意志表示があったら、前に書いたようにそれを否定してはいけません。可能な限り、希望に沿ってあげてください。

こんな地道な自発力発揮練習を重ねていくうちには、やがて友だちに「○○してくれるかな?」と頼めるようになる。そうすればだんだんコミュニケーションが取れていく。そして友だちが増え、ついにはみんなの中でイニシアティブ（物事を率先してすること。主導権）を発揮できるようになる。むろん簡単な道のりではないでしょうがね。

しかし親御さんがなにもサポートしないままで時間だけがたっていくと、結局弱い子は弱い子のままで、弱い大人になるしかない。そうさせないために、簡単なことから始めて、自発力を高めていこうじゃないですか。

▼弱い子ども・若者になによりほしいのが「レジリエンス」

人間の心には、ゴムマリや柳の木のような要素が必要だとボクは考えています。説明しましょう。まず、人間である以上、精神的な苦労や困難に直面するのが当然である——ということが前提になります。心が落ち込むような経験を一度もせずに一生を送った人など、皆無でしょう。一生どころか、今では生まれてたった10年になるやならずで、精神的な窮地に陥る子がたくさんいる。本書で対象としているのは、まさにそういう子ども・若者たちです。

彼らは精神的に弱いから窮地に立ってしまった場合もあり、窮地に立たされてそのショックで弱くなったケースもあります。むろん強い子だって、精神的に落ち込むことは多々ある。問題はそこからです。弱い子どもや若者は、精神的に追い込まれると、心が折れてしまって二度と元に戻れないことがあります。こうなると悲劇です。その場合、心が折れてしまった子は、自ら人生の表舞台から引っ込んでしまう。ある意味で逃げます。そうなるとその後の人生で浮かび上がるのはとても難しい。誰しもわが子にそんなことになってほしくはない。でも先ほど書いたように、生きていく以上、心が折れそうになる体験は避けようがないのです。ましてや今は、少年少女にとって決して生きやすい時代ではない。ではどうすればいいか。

何度もいいますが、精神的にピンチに立たされるのは避けようがない。そのとき、精神がゴムマリのようであれば、一時はへこむけれどすぐに優れた弾力性を発揮してポーンと元に戻る。それどころか、精神的困難に対する反発力が強ければ、前よりもっと高く飛び跳ねることも不可能じゃないのです。また柳の木のようであれば、精神的に追い込まれそうな台風みたいな嵐が来ても、揺れはするものの、そして枝はたわみながらも、折れたり倒れたりまでには至りません。雪が積もると、その重みで大木は倒れることがあるけれど、柳の木はそんなことがない。「柳に雪折れなし」といわれる所以です。それに少々の嫌なことは、それこそ「柳に風」と平気でやり過ごすことができる。江戸時代の僧侶・仙厓和尚には、「気に入らぬ風もあろうに柳かな」の句があります。

このゴムマリのような弾力性、柳のようなしなやかさを心が持っていれば、かなり精神的に苦しいことがあっても、それに負けることなく回復することができます。これを心理学では「レジリエンス（resilience＝精神的回復力）」といいます。レジリエンスは、特別な能力ではなく、本来誰もが持っているものとされています。例えば幼児のころに、食事のときにお菓子を欲しがってお母さんにひどく怒られたとしても、そのときはかなり落ち込みますが、やがて元に戻ってふつうの状態になります。これがレジリエンスです。

しかし親の育て方によっては、子どもがせっかく持っているレジリエンスを「宝の持ちぐされ」にしてしまうことが無きにしも非ずです。いつも上から押さえつけるようにしていると、親御さんはそれが躾だと思っていても、子どもは圧迫感を感じ、いつも親の顔色を見て行動するようになります。そして親のいう通りにできない自分を自ら低く評価してしまうのです。前に書いた自己肯定感がない子になってしまう。「どうせぼく（わたし）なんか」という気持ちを持ってしまう。親御さんの思いとは逆に、折れやすい心の持ち主、打たれ弱い子になるのです。

であれば、その逆を心がければいい。子どもを機会あるごとに褒め、自信を持たせるようにするのです。特に気をつけたいのは、ほかの子と比べないこと。「○○君は、すごいわね。またテスト満点だったそうね」などといわれると子どもは、「それならぼくも満点を取って褒められよう」とは思わない。「どうせ○○君にはかなわないさ。頭の出来が違うんだ」と取ってしまう。これではレジリエンスが育つはずがない。

そうではなく、「この前のテスト、70点ね。結構頑張ったわね。もう一息よ」と肯定的にいってあげてください。子どもは70点で親が満足していないのは知っていますが、そういわれると、素直に「じゃ、もうひと踏ん張りしよう」と思うのです。こういうことの繰り返しによって、だんだん子どもに自信がついてきます。そして楽天的な気質が育っていく。これが大事なのです。よく、シャカリキに努力する子が精神的に強い——と思われがちですが、そういう子は大きな挫折があったときに意外に折れやすい。むしろ楽天的にのんびり構えている子のほうが、周囲の状況がひどくなってもそれに押しつぶされることがないのです。そういう子のほうが、柳の木のような精神的なしなやかさを持っているからです。

子どものこういう心のあり方は、親御さんの気持ちの持ち方とリンクするケースが多い。いい換えれば、神経質な親御さんのお子さんは、どうしても神経質になりやすい。神経質は反面からいえば、完璧主義者です。でも完璧な人間はいないので、完璧を目指すと失敗する可能性が高くなる。そういう意味では、〝いい加減な親〟は悪くない。ボクは「いい加減がレジリエンスを育てる」とさえ思っています。

またレジリエンスを持つことは、状況に左右されないということでもあります。人間、明日のことはわかりません。特に変化の激しいこの時代、明日お父さんの会社が大変なことになるかもしれない。そういうときこそレジリエンスが大事になってくるのです。

▼「強い子づくり」の基本は「健康づくり」

結局人間は、基本的な部分を強くしなければ、本当に強くはなれないのではないでしょうか。その基本的な部分とは健康です。身長の高さや体重の重さに関係なく、健康で体力のある子どもは、やはり強い。実際、健康でピチピチしている子どもや若者が、精神的にひどく落ち込むことは少ないように思います。もちろん彼らだって心がなえるときがあり、傷つく場合もあるはずです。しかし彼らには、先ほど述べたレジリエンスがあることが多い。一度はへこんでも、いつまでもそこにい続けない。やがてふつうの状態に這い上がっていく。だからレジリエンスをつけようとしたら、心身ともに健康になるのが一番早いのです。そこで子どもと若者の健康について述べて、この章を終わることにします。

健康の素晴らしさは、健康じゃなくなって初めて気づくものです。また多くの人は健康を失ってみて、「健康とは実にさまざまな要素から成り立っている」のを実感するようになる。

ボクが今ざっと思い浮かべてみただけでも、健康になるためには以下のことが、スムーズに行われなくてはなりません。まず食事。そして運動と睡眠。その他には、呼吸、姿勢、適度な息抜き、ストレスを抱え込まない、衛生的で規則正しい生活など、いろいろ考えられますね。家族が仲良くやっているかなど、良好な人間関係があるかないかも、健康に大きな影響を与えます。

まず食事について考えてみます。誰もが知る常識としては、1日3食、適量のバランスの良い食事を摂ることですね。だがこの実行が意外に難しい。その証拠に、「自分はそういう食事を毎日している」と自信を持っていえる人は、30％いるかいないかでしょう。男の人なら多忙のため食事が不規則で、しかもお酒の量が多すぎる。女性ならつい甘いものを食べ過ぎるし、ダイエットを意識するあまり必要な栄養が摂れていない。そして子どもや若者は、間食が多く、それも味の濃いスナックなどに偏っているし、人工甘味料たっぷりの飲料水を摂りすぎる。こんな人が実に多いのではないか。そうでなければコンビニがあれだけ繁盛するわけがないのです。

さて子どもの食事についてですが、理想は毎日、お母さんが手づくりでバランスの良い食事をさせることです。でも現実には、お母さんにその気があってもいろいろな事情でできないこともある。働いていると、夕食時に帰れない日が多いし、疲れているので手の込んだ料理はできない――とか。だからつい市販の揚げ物ばかりになりやすい。ボクはその事情をわかった上で、「それでもできるだけ工夫をしてみてください」とお願いしたいのです。

工夫とはご飯づくりの時間をどうひねり出すか、時間をかけずに旬の素材をどうおいしく調理するかなどもそうですが、お父さんに協力してもらうこともぜひ実行したい。休日にはお父さんに料理の基本を教え込み、まず簡単なカレーやチャーハン、野菜炒めといったメニューを身につけてもらう。意外に男の人は、それまで経験がなくても料理をさせれば興味を持つものです。男女を問わず、子どもにも同じように教えるといいですよ。自分で料理すれば、自然にジャンクフードにはそれほど関心を示さなくなるものです。その上、栄養バランスに気をつけるようになり、ひいては健康への関心も高まります。

運動に関しては「スポーツ」の項で書きましたので、次に睡眠について考えましょう。総じて今の子は、睡眠不足です。朝は学校があるから結構早く起きる一方で、夜は午前1時〜2時まで起きている子が珍しくない。勉強もあるけれど、ネットにはまったり、ゲームをしたりということが多いと思います。ボクはそれを一切やめろなどというつもりはない。しかし一定の睡眠時間はどうしても確保したい。となるとやはりスポーツを勧めたいですね。身体を使えば夜は疲れて起きてなどいられない。しかもぐっすり眠れます。スポーツをしないのであれば、時間を決めて強制的に寝るようにすることです。睡眠不足は昼間の集中力不足を招き、健康によくないばかりでなく、学力も低下させてしまいますから。

その他では姿勢に気をつけることが大切。今、猫背の子がとても多くなっています。姿勢の悪い子は、内臓に無理がかかってしまうので、どうしてもスタミナがなくなる。となれば頭脳もしっかり働かなくなります。ふだんからだらしのない姿勢ばかりしていると、気持ちまでたるんできて、シャキッとしたところがなくなる。それが精神的な弱さにつながっていくのは、当然のことといえましょう。

そして呼吸。正しい呼吸とは、横隔膜が正しく動いている呼吸です。簡単にいえば腹式呼吸。人間は眠っているときには腹式呼吸をしています。そして好きなことをしているとき、つまりリラックスしているときは深い呼吸をしている。反対に不快や不安を感じているときの呼吸は浅いのです。もしそう感じたら、深呼吸をしてみましょう。そして数分間腹式呼吸をしてみる。気分が落ち着いてきて、通常の状態に戻ることができます。お子さんにぜひ教えておいてほしいと思います。

最後に健康のためにぜひ勧めたいのが笑うこと。笑いは脳にも心にもとても良い影響をおよぼします。どんなピンチでも、笑うことさえできるのなら、必ず抜け出せるとボクは確信しています。

第8章

親は大変ですが、なにがあってもめげないで！親御さんへのお願い

人の心は実に弱くてもろいものであり、同時にまたすごく強いものでもある――ここまで書いてきてボクは、そう痛感しています。それを踏まえた上でお父さん、お母さんにいいたいのは、年若い少年少女の場合、今現在、少しばかりメンタルが弱いからといって、諦めてはいけないということです。「この子はきっと、そのうちに強い子になれる」と信じてサポートしてください。

しかし一方で、精いっぱい努力したって、それですぐに良い結果が出るとは限らないのも事実。時間がかかる場合もあります。親御さんが手を尽くし、お子さんも努力したのだけれど、どうしてもお子さんが弱さを脱しきれず、引きこもりになるケースだってあるかもしれません。そうなったって、絶対に諦めてはいけないのです。

ボクのような者でも、そんなお子さんを持つ親御さんから「どうしたらいいのでしょうか」と相談されることがあります。正直にいいまして、「こうしなさい」と処方箋を示す

ことなんてできません。ボクは専門家でもないし、能力もない。ただいえるのは「大丈夫ですよ。一生懸命にサポートしていれば、そのうちに好転しますよ」という意味のことでしかないのです。でも次のことだけは、必ず申し上げるようにしています。

「〝親業〟なんて言葉がありますけれど、『親』は職業じゃありません。だから〝プロの親〟というのはいないのです。つまり『親』という立場に関しては、誰もがアマチュアです。アマチュアなのだから子育てがいつも成功するとは限らない。いや、そもそも子育てに成功も失敗もない。自分の子が大臣や大実業家、有名タレントになったら成功で、一生貧乏で過ごしたら失敗だ、なんて誰にも決められない。親子であるというのは、それ自体がぬきさしならぬ関係で、親にも子にもどうしようもない。その親子であることから人生が始まります。そして人生も本来は評価などするべきものじゃないのです。だから今お子さんに少々問題があったって、それで悲観してはいけません。ましてや、『あの子がこうなってしまったのは、私のせいだ』などと考えては絶対にいけないのです」と。

子どもが精神的に弱くなってしまったのは、自分の教育方針が間違っていたからだ、育て方が未熟だったからだ――そうお考えの親御さんはかなりいらっしゃると思います。しかしそう考えること自体をやめてほしいのです。人生において反省は大事ですが、自分がしてしまったことにいつまでもとらわれてはいけません。たしかにボクは本書で何回も、「子どものメンタルが弱くなったのは、親が甘やかしたことに原因がある」と書きました。それが事実だと思うのでそう書いたのですが、読者である親御さんがそのことにとらわれるのを望んだわけではないのです。そうお思いになったら、それはそれで反省しなければなりませんが、肝心なのは「これからどうするか」ということです。未来を考えないで過去を振り返ってばかりでは、袋小路に入ってしまって、親子ともにさらに苦しむことになりますから。

なぜこれからが大事なのかというと、今、みんなが長寿だからです。昔は、といっても15年ほど前なら、大学を卒業させれば親の責任は果たせました。後は子どもが自身で人生を切り拓いていくのが当然でした。でも今は、そうじゃない。30代、40代だって独身の人はとても多い。その多くが親と同居しています。それらの人たちは、いまだに親に頼って生活しているわけです。子どもが30代、40代であれば、親は60代から70代で、まだまだ元気だし、現役の人だってたくさんいます。収入も親のほうが多いかもしれない。

今は正社員として働く人の比率が低くなっていて、30代、40代でも収入が十分とはいえない人が珍しくない。そしてメンタルが弱いお子さんは、就職が思うようにいかなかったりして、そうなりがちです。だから独身者が多く、親と暮らす人の比率が高い。

この現象を前提にボクがいいたいのは、「子どもが少年少女期を過ぎて、大学生、社会人になっても、親子で一緒に生活を構築していく」家庭は減らない可能性がある、ということです。つまり子どものメンタルが弱くて、親のサポートを必要とする時間が延びているのです。そうならないのが望ましくはあるが、そうならざるを得ない家庭もたくさんあります。だから親御さんは、子どもが自立するのをサポートしなければならないのと同時に、一方で「弱い子どもとこれからも一緒に生活していく」覚悟が必要かもしれないのです。

そこでこの最終章では、お子さんが精神的に少しでも強くなり、自立できるために、親にどういう心構えでいてほしいか、それをボクからのお願いという形でまとめました。少し頭の痛い指摘があるかもしれませんが、よく考えながら読んでいただければと思います。

なお今の社会では、シングルの親御さんと子どもという家庭が少なくないですね。その場合、お母さんがお父さんの、お父さんがお母さんの役割も果たさなければならない。だから親の苦労は大変なものになるだろうし、両親がそろっている家庭にはない悩みがあるはずです。でも残念ながら、スペースの関係とボクの能力不足で、本書ではそういうケースのことを書けませんでした。その点を心からお詫びします。

▼お母さんに① 子どもはあなたの所有物じゃないですよ

この見出しを読んだほとんどのお母さんは、「私は子どもを自分の所有物だなんて思ってないわ！」とお怒りになるのではないでしょうか。でもお父さんたちは意外に賛成するかもしれませんよ。それほど男と女の感覚には差があります。正直にいって男であるボクは、〝母の感覚〟を持つことができないし、その意味で、お母さん方の気持ちが十分に理解できているとはいえないでしょう。だから見出しのような、冷たいいい方ができるのかもしれません。

でも教師という職業は、それがボクのような学習塾の教師であっても、生徒に対して愛情を持つ半面で、彼らを冷静に見つめる必要があります。そうでなければきちんとした指導ができない。そういう目で生徒とお母さんを見ていると、どうしても「このお母さんは子どもを、自分の所有物だと思っているのではないのかな？」という疑問を持つことが結構あるのです。一方でボクは、お母さん方がそういう気持ちになるのも、無理からぬことだとも思っています。なぜって、子どもはお母さんのお腹から生まれてきたわけで、出てくるまでは紛れもなく胎内にいたのですから。これは所有物と思うほうが自然なのかもしれない。

でもそういう気持ちは、幼児のうちはいいかもしれないが、小学校中学年くらいになったら、べったりではなく、母と子の間に少し距離をおいてもらいたいと思います。ところがこの「距離をおく作業」を苦手とするお母さんが思いのほか多い。そしてそのべったり感覚が、子どもが中学生になってもそのままであることがかなりあるのです。こうなると、将来子どもに望ましくない影響が出てくる可能性がある。その影響は、「いつまでたっても自立できず、精神的に子どものまま」という状態で現れます。

またこの傾向は、子どもが男の子である場合に顕著です。異性の子、お母さんにとって息子、お父さんにとって娘は、どうしても同性の子よりかわいく感じられる。特にお母さんにとって息子は、特別の存在になることが多い。そしてその息子が少しメンタル面で弱いほうが、お母さんにとってはかわいがり甲斐があるみたいです。

成績が良くてラグビー部のキャプテン、なんて息子より、身体が少し弱く、ギターいじりが好きで、優柔不断、というような坊やのほうが、お母さんの愛情を一身に集める場合が多い。こういう子は「私が一生懸命サポートしてあげなきゃ、この子は気持ちが優しすぎるから、落ち込んでしまう」という気にさせるようですね。子どもがひとりっ子である場合は、この傾向に拍車がかかります。ほかに兄弟がいる場合は、お母さんの愛情も分散されますが、ひとりっ子だとその子に集中するので、もう愛情であふれんばかりということになる。

それが冷静な部分もある愛情なら、いうことはないのですが、いわゆる「猫かわいがり」になってしまうケースがままあります。外から見ていると、ペットに対するのと同じような接し方をしている。これでは子どもが独立心を持ちようがないですね。

20～30年前なら、こういう場合、息子のほうが母親のこうした態度を嫌がって、自分から距離をおくようにしたものです。しかし今は、そんなことはないように思う。息子も母のべったりの愛情を当然のことと受け止めて、されるままになっています。こういうことに対する恥の意識がない。でもそれ以外の環境を知らないのですから、当然かもしれないのですが…。かくて一卵性親子ができあがります。お母さんは息子を自分のものだと思っているし、息子も母親にべったりで、それをおかしいと感じない。

それでも学生でいるうちはまだいいのです。社会人になったら、職場では「母に叱られるので早く帰らせてください」なんていえないし、同僚・先輩との付き合いもある。転勤だって断れない。そのままの状態でいたら、スポイルされてしまいます。

ということになってからでは遅いから、中学・高校になったら（いや、本当はその前から）、「子どもを自分の所有物のように思わないでください」と申し上げたいのです。どうも一部のお母さんは、息子を最後のボーイフレンドと錯覚しているような気がしますので…。

こう感じている学校の先生や塾の教師は多いはずです。そうなった原因は、ひとりっ子が多くなっているという背景がもちろんありますが、それと同時に、お母さんにそのことを意見する人がいないからでもあるでしょう。「あなたの息子に対する態度は、猫かわいがりだから、もっと距離をおいたほうがいいですよ」とはいいにくい。親子の愛情に水を注すような感じがしますからね。だから教師はいいません。ボクだってそう感じてはいるが、口には出しませんよ。また申し上げたところで「なによ、母と子が愛し合っていて、なにが悪いの？　余計なお世話よ」と反論されるのが目に見えています。だからこれを読んで、もし「自分はどうかしら？」と思われたら、それは素晴らしいお母さんですよ。

さて次はお母さんと娘さんの関係についても話さなければいけないのですが、男であるボクには、それがうまくできない。本当はこの本で、もっと子どもの男女差について書くべきだったのです。思春期の女の子には、男の子よりはるかに複雑な悩みがあるはずですからね。でもそれを男のボクが頭で理解しようとしても、本当の理解にはならないでしょう。だからあえて触れませんでした。その意味で本書は完璧ではない。ボクの能力不足ということで、ご勘弁ください。

▼お母さんに② おおらかな母が、強い母です

かつてベストセラーになった故・渡辺淳一さん（作家）の『鈍感力』という本については前に触れましたね。その文庫版の「文庫発刊にあたって」という文章で、渡辺さんはこう書いています。「それにしても、鈍感力はどうしたら身につけることができるのか。――中略――その第一は、まずおおらかなお母さまに育ててもらうことである」と。ボクはこの見解に大賛成です。ボクの経験でも、強い子のお母さんには、おおらかな方が多いのです。

この本で渡辺さんは鈍感力とは、「長い人生の途中、苦しいことや辛いこと、さらには失敗することなどいろいろある。そういう気が落ち込むときにもそのまま崩れず、また立ち上がって前へ向かって明るく進んでいく」力だと書いています。これと同じことをボクは本書で、繰り返し述べてきたつもりです。人生、いつもいいことばかりではない。お先真っ暗、という状態に何回も直面するはずです。そのたびに過敏に反応していては神経が持たないし、結局は弱いままで終わってしまう。そこから立ち上がれる人材になるためには、「おおらかなお母さまに育ててもらうこと」が第一だというのだから、お母さんの役割は実に

大変なのですよ。

おおらかなお母さんからは、おおらかな子が生まれ、育ちます。おおらかな子とは、どんな特徴を持っているのでしょうか？　思いつくままあげてみます。①素直です。②他人を羨まない。だから変な嫉妬をしません。③人に共感できます。④人生に夢を持っています。⑤他人に親切です。⑥ひどい目に遭っても、いつまでもめげていません。⑦笑顔が似合います。⑧弱い者いじめをしません。⑨おおざっぱではありますが、意外に細かい神経も持っています。⑩ウソをつくのが苦手です。…まだまだあるでしょうね。

頭がいいかどうか、身体が丈夫かどうかは別ですが、自分が若かったら友だちになってほしい子ですね。こういう子は、多くの場合、おおらかなお母さんを持っているとボクは思います。

でも上記の特徴を見ると、「強い子」というイメージとは少し違う気がしませんか？むろん弱い子ではないけれど…。しかし、これが本当の意味で「強い子」であると思うのです。よく、向こうっ気の強い子というのがいますね。そういう子はファイト満々で、ほとんどの場合いい子であることが多いのですが、粘り強さに欠けるところがある。ふだんは威勢がいいのだが、一回精神的にやられると、なかなか立ち直れないのです。

しかしおおらかな子は、ちょっとやそっとではへこたれない。我慢ができる。それは最終的には、自分に自信があるからでしょう。もちろんおおらかだとはいっても、やるべきときには、やらなければならない。男の子でも女の子でも、ケンカをしなければいけないときというのはあるのです。そのとき黙ってうつむいてしまうようでは、強い子とはいえない。おとなしく引き下がると、意地悪な相手はかさにかかっていやらしく攻めてきます。だから、いうべきときには、ビシッと自己主張する必要があります。おおらかな子はそれができるとボクは思っています。自分に自信があり、正義感も強いからです。また精神的に余裕があるからです。

というわけで、おおらかな子に育てるおおらかなお母さんは偉大なのですが、誰もがそうなれるわけではない。心が優しく、神経の行き届く女性ほど、ある意味でおおらかにはなりにくい。そういう方はこれを読んで「そんな風には、性格的にできない」と反発されるかもしれませんね。ボクだって、「今から性格を変えなさい」などというつもりはありません。でもこれから申し上げることは真剣に聴いてください。頭脳明晰なお母さん、繊細な神経をお持ちのお母さん、よく気がつき、勝気なお母さん、センチメンタルなお母さんは、特に。

まず子どものいうことを面倒くさがらずに、よく聴いてあげてください。そして肯定的に応えてあげてください。また自分の考えを子どもに押しつけないでください。つねにご自分は正しいとお考えでしょうが、それでもその価値観を子どもに押しつけるのは良いことではないのです。「どうあるべきか」を子ども自身が考えるように持っていきましょう。そしてあまりにこまごまとしたことに口を出さないこと。子どもが多少だらしがなくても我慢して、見守ってください。

まあ、こうしていれば、そのうち〝おおらかなお母さん〟に近づきますよ。人間、理想の人にはすぐになれるものじゃないですからね。ボクが先に列挙した〝おおらかな子ども〟像だって、ひとつの理想像です。あんな絵にかいたような子は、そうはいない。でも「そうなれたらいい」という思いはつねに胸に抱いているべきなのです。

日本中の子どものお母さんが今より2倍くらいおおらかになったら、いじめはかなり減少するのではないか。ボクはマジでそう思っているほどです。ではどうすればもう少しおおらかになれるか？　今より2倍くらい笑顔でいるようにしましょう。最初はぎこちない笑顔でしょうが、そのうちにサマになりますよ。そうなったとき、おおらかなお母さんがひとり誕生し、同時に弱い状態から少し抜け出せそうになっている子も、ひとり生まれるのです。

そういう家庭が増えていけば、日本は住みやすい国になると思いませんか？

▼お父さんに① 社会性を身につけさせるのが、お父さんの役割

突然ですが、これをお読みのお父さんにうかがいます。「あなたはご自分を〝イクメン〟だと思いますか？」と質問されたら、どう答えますか？ ボクが想像するに、「ええ、私はイクメンですよ」と自信を持ってお答えになるお父さんは、10％に満たないでしょう。それでもこの10年で、育児や子どもの教育に関わる意志のあるお父さんは確実に増えているのです。

〝イクメン〟なる言葉は「子育てする男性（メンズ）」の略です。「イケメン」という言葉の好感度を残しながら、「イケメン」の「イケ」を養育・教育の「イク」に置き換えたもの。一般的には、子育てに高い関心を持つ、優しくて家庭的な夫――という肯定的な意味で使われますが、男同士で使う場合は、若干のからかいが含まれるかもしれません。

戦後の日本では、一貫して男性は育児や子どもの教育にあまり関わろうとはしませんでした。「オレは家庭を支えるために仕事を一生懸命やるから、君は子どもの教育をしっかりやってくれ」と奥さんにいうのが、ふつうでした。また奥さんも、それを不思議に思わ

なかった。バブル期まではそれでよかったけれど、バブル崩壊後、お父さんの会社も苦しくなり、給料は上がらない。しかたなくお母さんも働きに出る。となれば少子化が進む。少子化はある意味で国の経済を停滞させますから、政府はその対策に躍起となる。そこで〝イクメン〟登場となったわけです。

もちろん男性が子どもの教育に関心を持つのは、おおいに歓迎すべきことです。ボク個人の感想ですが、少子化が結果的に招いた子どもべったりのお母さんの育て方が、今、多くの弊害を生んでいるように思えるのです。というのは、お母さん方を非難するのではないが、女性はどうしても視野が狭くなりがちです。そのことが子育てに悪く表れると、自分の子どものことしか視野に入ってこなくなる。「わが子さえよければいい」ということになりかねません。

そこでお父さんの、子どもの教育への積極的な関心が重要になるのです。お父さんの職業はサラリーマン、自営、農業などさまざまでしょうが、毎日いろいろな人と接し、社会の中で働いている点は共通しています。だから、人は他の人と協力しなければなにもできないこと、その人にはその人の役割があり、それを他人が侵してはならないこと、職場であれ他の集団であれ、自分勝手な行動は許されないこと、などを身にしみて知っています。

そういうことをきちんと子どもに教えるのが父親の役割だと、ボクは思っています。

これらをきちんと教わらないで育つと、その子は他人のことを考えない、わがままで人に対して親切になれない人間に育ってしまいます。ということは他人と協力できないので、コミュニケーションが取れない。誰からも相手にされなくなってしまう可能性が出てきます。つまり社会性が身についていないまま大人になる。これはその子にとって、大きな損です。

お父さんなら、わが子がそうならないように、ときには厳しく接するなどして、子どもをきちんと教育し、躾られます。もちろんお母さんだってそうできますが、こういうことはお父さんがビシッと教えたほうがいいように思うのです。

本書のテーマは、「精神的に弱い子ども・若者をどう強くしていくか」ですが、ボクが今の少年少女たちを見ていてよく思うのは、「この子たちは、していいことと、してはいけないことの区別が、よくわかっていないのではないか」ということです。そして思い出すのが白虎隊です。白虎隊はわが福島県の伝説的事実で、慶應4年、この隊に所属していた16~17歳の少年たちは、官軍と戦って哀れな最期を遂げました。その白虎隊の少年たちが学んだのが、会津藩の藩校である日新館でした。日新館には「什（じゅう）のおきて」があり、その中に有名な「ならぬことはならぬものです」というのがあります。

昔の武士の子たちを教えた藩校の規則を今ごろ持ち出すのは、アナクロだと思われるかもしれないが、そんなことはないのです。「ならぬことはならぬもの」、すなわち、人間としてしてはいけないことはしてはいけないのだ――というのは、時代が変わろうと変わらない真実です。これをお父さんから子どもに教えていただきたい。こういうことは理屈ではない。「ダメなものはダメ」と強くいい切らないと、その子の身につきません。

ボクは父親の役割には、もうひとつあると思っています。それは「人にはさまざまな考え方があり、それを尊重しなければならない」ということを子どもに教えることです。これが民主主義の基本ですから。一概に否定してはならない。もちろん「お父さんはこう思う」と、自分の意見を告げるのは大事です。それに対して子どもが「いや、ボクは違うと思う」といったら、まずその意見をよく聴いてほしい。「バカ、なにを生意気な！」という態度を取ってはなりません。

もちろん子どもの考え方がちょっとおかしいと思われることのほうが多いでしょう。でもその中にも聴くべき意見が含まれているなら、それを認めてあげましょう。全部を頭から否定するのはやめてください。そしてなにより、子どもと議論するという態度が必要です。その積み重ねで、子どもは「考えること」を学んでいくのですから。

▼お父さんに② 「厳しくて優しい父親」への道

お父さんのことを好きな人が「父の思い出」を語ると、いい合わせたように「厳しくて、優しかった」という言葉が出てきます。どちらも併せ持つお父さんを、子どもは好きになるのです。でも、こういう理想的な父親になるのは、たやすいことではありません。つい甘くなったり、逆に叱ってばかり、というふうになりやすい。お父さんも人間ですから、それは当然なのですが…。

この場合「厳しい」というのは、いつもガミガミ文句をいっていた、という意味じゃない。むしろいつもはにこにこしていたり、あるいは子どもとは一線を引いていたりするのだが、子ども自身も「これはいけないことをした」と思っているときに、ガツンとやる——ということです。日ごろ温厚な人が、人が変わったように険しい表情で、言葉使いも少し乱暴に叱るわけです。子どもにも「自分が悪い」という自覚があるから、反発せず、黙ってうなだれて聴いている。回数にしたら年に1回あるかないか、というところでしょう。でもその経験は、子どもの心に深く残ります。

そういう場合子どもに好かれる父親は、ただ怒鳴るのじゃないですね。なぜそのことがいけないのかを説明します。父のほうも多少感情が激しているので、言葉はていねいではないかもしれないが、聴いている子どもも納得できるように話します。これは大切なことです。諄々と説くか、舌鋒鋭く言葉をたたきつけるかは親によって違いますが、聴いている子どもは素直に「お父さんがいっていることは正しい」と感じる。感情に任せて怒っているのではなく、子どものことを思うから叱っている、ということが理解できるからです。こういう叱られ方は、大人になってもなにかあるとふと思い出されてきたりします。

こんな叱り方をするお父さんは、ふだんはあまり細かいことには口を出しません。少々のいたずらやおふざけは黙認しています。ではどういうときに叱るのか？　先ほどの白虎隊じゃないが、人間としてしてはいけないことをしたときです。ウソをついた、いじめた、暴力をふるった（ケンカという意味ではなく）、盗んだ、兄弟や友だちの物を取った、学校をさぼった、悪いところに行った、お父さんやお母さんにいわれたことをしなかった、などなどです。

では、もうひとつの「優しい」とはどういう意味でしょうか。単に子どもに接する態度が穏やか、という意味ではない。もう少し積極的なことです。簡単にいえば、褒めてくれた、認めてくれた、ということだと思います。特に自分でも「よくできた」とか「いいことをした」と思っている行動を褒めてもらえたときの子どもの喜びは、格別です。

弟や妹を乱暴な友だちからかばった、皆勤賞をもらった、あまり運動は得意じゃないけど運動会で頑張った、お母さんから頼まれた小さな家事を続けている、などでしょうね。

一般的にこれまでの日本のお父さんは、あまり褒めるということをしなかったきらいがあります。でも自分自身のことを考えたって、上司に認められればうれしいように、子どもだって褒めて認めてもらいたいのです。自信はその経験から生まれるのですから。だからなにかあれば褒めるように心がけてほしいと思います。

子ども自身が気がついていないような行為を褒められると、子どもはくすぐったい思いをしながらも、とてもうれしいものです。だから些細なことでも、褒めてください。それにはお母さんから日ごろの子どもの行動について、情報を得ている必要があります。ということは、子どものことについて、いつも夫婦間で話し合っていなければならない。

以前よくあった光景は、夜帰ってきたお父さんに、お母さんが子どものことを話そうとすると、お父さんが面倒くさがって「子どものことは君に任せているから…」と聴こうとしないというものでした。これはダメです。夜帰って来たときは、たしかに仕事で疲れているでしょう。奥さんがする近所の噂話に付き合うのは面倒かもしれない。しかし子どもの話の場合は別です。ぜひよく聴くようにしてください。

正直にいって、子どもを叱ることも、褒めることも、かなりエネルギーを要する行為です。本当に子どものことを思って叱ったり、褒めたりしようとすれば、子どものデリケートな心に触れることになるのですから、それなりに注意しなければなりません。面倒くさいといえば面倒くさい行為です。しかし、それをするのが父親なのです。

以上、ボクからのお母さん、お父さんへのお願いをまとめてみました。いろいろ希望を述べましたが、それを実際に行っていただくためには、ある前提があります。それは「ご夫婦円満でいてください」ということです。今さらいうまでもなく、夫婦間がしっくりいっているかいないかは、子どものメンタルに大きな影響を及ぼします。二人がいつも角突き合っている家庭の子どもは、どうしたって親の顔色を見るようになる。いつもビクビクしながら暮らすから、自己肯定感を持つことができない。それが彼や彼女のメンタルを弱くしてしまいます。むろん夫婦のことはご夫婦の自由で、他人が口を出すことではありません。でも日ごろから子どもと接している経験者からいうと、なるべくなら最悪の事態は避けていただきたい。それがご両親への、ボクからのお願いです。

あとがき

本文にも書きましたが、ボクは塾の生徒たちによくこのように話します。

「こうなりたいと一生懸命に願えば、必ずなりたい自分になれる!」と。

ボクがそのように話すのは、スピリチュアルの世界でそういわれているからではなく、もう少し科学的根拠があると、自分では思っています。

強くなにかを思えば、そのなにかのほうからこちらに近づいてくる——そんな経験をした方は多いはずです。それは心理学者のユングがいった「シンクロニシティ」(意味のある偶然の一致=なんらかの一致するできごとが、離れた場所でほぼ同時期に起きること)とは少し違って、もっと単純に説明できると思います。

例えば「○○大学△△学部にどうしても入りたい」と強く思っていれば、意識はつねにその願いから放れません。だから新聞を読んでいるとき無数の字が印刷されている中で、「○○大学」の文字が真っ先にその人の目に飛び込んでくる。大勢の人がいるカフェなどで友人としゃべっていても、かなり離れた席の人が「○○大学が…」というとその言葉がはっきり耳に入る。そういうことの積み重ねが、「○○大学」がその人に近づいてくる、ということなのではないでしょうか。

でもそのことと「今の子ども・若者のメンタルが弱い」ことと、どう関係するのか？と思われるかもしれませんね。ボクにいわせれば、おおいに関係がある。それは〝意識〟の問題だからです。メンタルが弱い子どもや若者がなぜ弱いのかというと、「ぼく（わたし）は、心が弱い」と思い込んでいる、いつもそう意識しているからだと思うのです。そうである限り、その子は弱さから抜けられない。〝弱い自分〟にサヨナラしたければ、「自分は弱い」という意識を捨てなければならない。でも意識というのは、長い時間その人の脳に居座っているのですから、簡単に捨てられるものではありません。

そこでボクは本書で、「なにかを始めなさい」と何回も書いたのです。弱い自分から脱するためには、その意識を自分の脳に居座らしてはいけない。だが意識はなかなか放れてくれない。でもなにかを始めれば、嫌でも意識はその始めたなにかに向かう。そうすれば最初は一時的であっても、とにかく「自分は弱い」という意識から解放される。そういうプロセスが大事だと考えたからです。

しかし弱い子は、自分からなにかを始めることが苦手です。「自発力」が皆無といってもいいくらいですから。だから親御さんの協力が要ります。子どもになにかを始めさせるためには、親が勧める必要がある。むろん理想的には、子ども自身が「なにかを始めたい」と思うことですが、それが今の子はできない。そこで親御さんが、自然に子どもをその気にさせていかなければならない。その方法をいくつかボクは紹介しました。

なにか新しいことを始めるのが、なぜ「弱さからの脱出」になるのか、順序を踏んで説明しましょう。まず新しく何かを始めること自体、弱い子どもにとっては勇気のいることです。まったく新しい世界――その世界はこれまで自分が全然知らなかった人しかいない――に入るのは、弱い子にとって大変な決意が要ります。それをクリアしただけで、つまり新しい世界を知ったというだけで、彼や彼女は、幾分かでもこれまでの弱さから遠ざかることができたわけです。

そして新しい世界（多くは習い事やスポーツでしょうが）での活動が始まる。そこでは当然初心者なので、技術を基礎から教わったり、知識を吸収したりしなければならない。そのためには努力が必要です。努力は心が弱くてはできないし、続かないものなので、新しい世界でたとえ1ヵ月でも続いたら、それはその子が1ヵ月間、怠惰という誘惑に負けず頑張ったことの証明です。わずかですが自信がつく。その子にとって〝自信〟は、これまでほとんど経験しなかった感情のあり方なので、自分でもちょっと得意になる。その積み重ねがまた自信を深めていく。これでもう、最初に比べてだいぶ強くなったじゃないですか。

　そして新しい世界では、新しい人間関係が待っています。弱い子のほとんどは人とのコミュニケーションが苦手ですが、そんなことはいっていられなくなる。自分より下はいないのですから、先輩になにかいわれたら、しっかり返事をして、いわれたことをしなければならない。そのうち自分と同じような初心者が入ってくれば、その人とも仲良くする必要がある。

　こうして人間関係でもある程度もまれてくる。そして3ヵ月、半年と経つうちに、弱かった子は見違えるようにたくましくなるはずです。元々がおとなしいたちなので、猛烈に積極的になるわけじゃないが、人の中でちゃんとついていけるようになっている、と思われます。この子は、もう弱虫ではなく、明るく賢い少年（少女）になっているのです。

　もちろんこれは、理想的にいった場合の話です。でも親子の努力次第で、十分にあり得る話だと思いませんか？　そういう祈りを込めてボクは本書を書きました。少しでもお役に立てたら、うれしいのですが…。

丹野勝弘

丹野 勝弘（たんの かつひろ）
一九五四年、福島県いわき市生まれ。磐城高校、福島大学経済学部を卒業後、東京で芸能プロダクションに入り、芸能マネージャーになる。その後いわきに戻り、一九八四年、妻の恵子とともに「丹野独学塾」を創業。以後三〇年間、同塾を経営して多くの優秀な生徒を育成。二〇一二年に『ときめきの〝子育て〟』を、二〇一五年に『「独学塾」ものがたり』を妻の恵子と共著で風土社より刊行。二〇一六年一一月、『悦子 パーソナルマガジン』が福島県文学賞奨励賞を受賞。趣味はテニス。

子どもの意識を変える本
弱い子を強い子に――いわきの学習塾から親御さんへの提案

二〇一七年三月一日　第一版第一刷発行

著　者　丹野 勝弘
発行者　山下 武秀
発行所　株式会社　風土社
〒一〇一―〇〇六五
東京都千代田区西神田一―三―六
UETAKEビル三階
電話〇三―五二八一―九五三七（代）
印刷所　モリモト印刷株式会社

風　土　社　の　本

ときめきの“子育て”

3人の子をテニスプレーヤー・医師・歯科医師・研究者に育てたマネージャーパパの物語

丹野勝弘・惠子 著

四六判・262頁　本体価格1,429円+税

若き日に芸能マネージャーだった著者は、故郷のいわき市に帰り、学習塾を経営しつつ3人の子を育て、テニスをコーチした。子どもたちはテニスで3人ともインターハイに出場。東北の「丹野3兄弟」として知られた。彼らは勉強も頑張り、長女は歯科医師に、長男は医師に、次男は研究者になった。愛妻との二人三脚でいわきの地に「人づくりの花」を咲かせたユニークな男の物語。

「独学塾」ものがたり

愚直に30年。夫婦が営むいわきの寺子屋

丹野勝弘・惠子 著

新書判・248頁　本体価格1,200円+税

先生は夫婦二人だけの寺子屋みたいな学習塾が、なぜ30年も続いたのか? 生徒がたった4人という苦境も3・11の苦難も乗り越えて、福島県いわき市に「学びの灯」をともし続けた感動の記録!　元芸能マネージャーの夫としっかり者の妻が営む小さな学習塾「丹野独学塾」。年中無休で、いつ来ていつ帰ってもいい、教室で食べたり飲んだりも自由。そんな自由な雰囲気の中で、多くの優秀な生徒が育った。

a day in the life　安西水丸

安西水丸 著

B5判・176頁　本体価格1,800円+税

2000年から2014年の著者急逝の年まで、14年間にわたり、住まいと暮らしの雑誌『チルチンびと』に連載された傑作エッセイ67話。安西さんが暮らした部屋の写真、数々の蒐集品の撮りおろし写真も収録。幼いころのこと、暮らしてきた家、こよなく愛した器、置物、家具。そして日々の暮らし…。安西さんがつくりだしてきたものがまるごと詰まった一冊。大切に読んでいきたい本です。

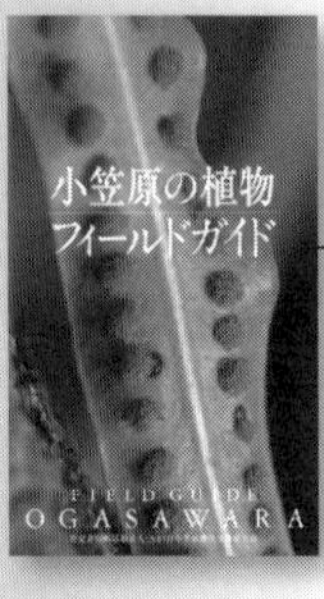

小笠原の植物フィールドガイド

NPO小笠原野生生物研究会 著

新書判・96頁　本体価格1,000円+税

小笠原で一般に見られる植物をはじめ、絶滅危惧種や希少種、固有種なども詳しく紹介しています。小笠原諸島を訪れる自然に関心がある人には、絶対におすすめ。オールカラーの写真が豊富なので、現地で必ず役に立つ一冊。シダ植物、山地の植物、人里の植物、海岸の植物に分け、わかりやすくガイドした、ポケットサイズで携帯に便利な本です。